学校课程深度变革丛书　　杨四耕 主编

张慧群◎主编

学科核心素养与
学科课程群

华东师范大学出版社
·上海·

图书在版编目（CIP）数据

学科核心素养与学科课程群/张慧群主编. —上海：
华东师范大学出版社,2018
（学校课程深度变革丛书）
ISBN 978-7-5675-8339-9

Ⅰ.①学… Ⅱ.①张… Ⅲ.①课程-教学研究-中学
Ⅳ.①G632.3

中国版本图书馆 CIP 数据核字(2018)第 215888 号

学校课程深度变革丛书

学科核心素养与学科课程群

丛书主编　杨四耕
主　　编　张慧群
策划编辑　刘　佳
审读编辑　沈　苏
责任校对　罗　丹
装帧设计　卢晓红　刘怡霖

出版发行　华东师范大学出版社
社　　址　上海市中山北路 3663 号　邮编 200062
网　　址　www.ecnupress.com.cn
电　　话　021-60821666　行政传真 021-62572105
客服电话　021-62865537　门市(邮购)电话 021-62869887
地　　址　上海市中山北路 3663 号华东师范大学校内先锋路口
网　　店　http://hdsdcbs.tmall.com/

印 刷 者　浙江临安曙光印务有限公司
开　　本　787X1092　16开
印　　张　16.25
字　　数　233千字
版　　次　2019年1月第1版
印　　次　2021年3月第4次
书　　号　ISBN 978-7-5675-8339-9/G·11505
定　　价　48.00 元

出 版 人　王　焰

（如发现本版图书有印订质量问题,请寄回本社客服中心调换或电话 021-62865537 联系）

本书编委会

顾问

赵卫勇

主编

张慧群

副主编

詹发云　陈　怡

编委

梁增红　刘　霞　蔡洪钧　潘文超　吴敏浚　殷爱梅　高　萍
杨小春　李锁芳　周　颖　沈亚琴　郭旻昱　徐　峥　戴文娟
周瑞平　郁保国　蔡冬梅　郭文玉　白颖婵　陈　伟

丛书总序

迈向 3.0 的学校课程变革

　　学校课程变革有三个层次：一是 1.0 层次。这个层次的课程变革，以课程门类的增减为标志，学校会开发一门一门的校本课程，并不断增减，这是"点状"水平的课程变革。二是 2.0 层次。处在这个层次，学校会围绕某一特定的办学特色或项目特色，开发相应的特色课程群。在一定意义上，这个层次的课程变革是围绕办学特色的"线性"课程设计与开发水平。三是 3.0 层次。此层次，学校课程发展呈"巢状"，以多维联动、有逻辑的课程体系为标志，将课程、教学、评价、管理以及师生发展融为一体，这是文化建构与创生层次的课程变革。

　　当前，碎片化、大杂烩的学校课程变革普遍存在。具体表现如下：

　　一是不贴地。没有学校课程情境的分析，空降式课程开发，不基于学校实际，没有在地文化意识，不关注孩子们的学习需求，为了课程而课程。

　　二是无目标。不少学校的改革是为了课程而课程，课程建设不是基于育人目标的实现，脑中没有育人意识，眼中没有育人目标，育人目标与课程目标不能很好地实现对接。

　　三是无逻辑。没有学校课程的顶层设计或整体规划，学校课程建设只是一门、一门的校本课程的累加，处于"事件"状态，没有形成"整体"气候，没有"体系"意识。没有基于学校的办学理念提出自己的课程理念，办学理念与课程理念一致性比较弱，更别谈基于理念的课程设计、实施与评价的"连结"或"贯通"了。

　　四是大杂烩。学校虽然开发了很多课程，但对课程没有进行合理的分类，课程之间的关联性与结构性比较弱；杂乱无序的"课程碎片"以及随意拼凑的"课程拼盘"，难以发挥课程的整体育人效果。

五是不活跃。课程实施方式单一，以课堂教学为主渠道，以学科学习为主范域，以知识拓展为主追求，辅之以兴趣小组、社团活动，对户外学习、服务学习、综合学习、动手操作等方式用得很少。

六是无评价。没有课程认证与评估，课程开发随意性比较大；课程设计没有具体评价考虑，课程实施效果没有评价支撑，其结果不得而知。

七是弱管理。基于现实因素，中小学对教学管理是抓得很紧的，但因课程开发对学校来说只不过是"锦上添花"的东西，所以大多数学校的课程管理都比较弱，基本不受重视。从现实情况看，中小学教师普遍没有课程意识、课程开发能力比较弱，更不懂得如何管理课程，课程资源意识也比较淡。

八是低关联。学校课程的各要素之间关联度低，如学校课程建设没有触及课堂教学改革，课程建设与教学有效性的提升没有关系；中小学真正参与课程建设的积极性普遍不高，他们内心里觉得"课程开发浪费时间"，"对提高教学质量没用"，课程开发在很大程度上还只是行政推动或为了所谓的"办学特色"而已。

林林总总，中小学课程改革的细节问题很多，很值得我们关注。教育部《关于全面深化课程改革，落实立德树人根本任务的意见》指出：中小学课程改革从总体上看，整体规划、协同推进不够，与立德树人的要求还存在一定差距。主要表现为：课程目标有机衔接不够，课程教材的系统性、适宜性不强；与课程改革相适应的评价制度不配套，课程资源开发利用不足，支撑保障课程改革的机制不健全等。因此，更深层次地说，迈向3.0的学校课程变革是"立德树人"的深切呼唤。

根据笔者多年的观察与研究，对中小学而言，3.0的学校课程有以下基本特征：一是倾听感，聚焦"原点"，关注学生的学习需求；二是逻辑感，严密的而非大杂烩或拼盘的；三是统整感，更多地以嵌入的方式实施而非简单地做加减法；四是见识感，以丰富学生的学习经历而不以知识拓展或加深为取向；五是质地感，课程建设触及课堂教学变革，教学有效性的提升倚赖课程的丰富与精致。

在迈向3.0的学校课程变革旅途中，中小学可以推进以下六个"关键动作"，扎实、深入推进学校课程变革,形成学校课程变革架构,创生学校文化特色。

第一个关键动作,把儿童放在课程的中央,关注儿童的学习需求与兴奋点。

3.0课程是以学习为中心的课程。捕捉孩子们的兴奋点,点燃孩子们的学习热情,满足孩子们的学习需求是学校课程变革的首要议题。

学习需求是学习的动力,是影响学习品质的重要因素。在一所学校,从学习需求的主体看,我们应关注这样三类学习需求:一是所有孩子的共同学习需求,二是一部分孩子的团体学习需求,三是一个特定孩子的个别化学习需求。学校如何采取合理的方式,识别、发现、回应、满足、引导学生的学习需求,促进学生发展,是学校课程发展的关键。从学生学习需求的动态发展变化过程去分析、研究学生的学习需求,在学生学习需求的满足与不满足的动态平衡中去研究学校课程架构才有实际意义。在"回归"意义上,学校课程建设把学习需求放在中央,是以学生发展为本的教育理念的具体反映。

学习需求分析是一个系统化的调查研究过程。我们要通过调查全面了解学生的实际情况。调查的对象可以是群体,如一个班级或教师任教的几个班级、一个年段甚至更广;也可以是个体,如某个特别的学生或两个对比的学生。具体调查方法有问卷调查、访谈座谈、测试调查、案例分析、典型跟踪等。不管哪种方法,主要目的是收集相关数据,整理、分析、判断、发现学生现状中存在的问题,并找出问题产生的原因,以便在课程设计中对症下药,确定解决该问题的必要途径。

当然,我们也要注意区分哪些需求是必须满足的,哪些需求不是非满足不可的,哪些需求是需要引导和调整的。杜威说:教育即经验的改造。面对孩子们,我们要思考的是:是不是所有的经验都可以进入课程?怎样的经验具有满足孩子们学习需求的属性呢?实践证明,经验必须满足以下两个条件才能进入课程:第一,经验必须关注儿童生长,必须把儿童放在课程的中央,真正促进儿童的成长与发展;第二,经验必须具有连续性。经验仅仅新鲜、有趣是不够的,散乱的、割裂的和"离心"的经验,是没有意义的,不能作为课程的有机构成。经过设计的"经验"可以从小到大、从自我生活到公共领域。经过精心"改造"过的经验,可以很好地体现"逻辑结构"与"心理结构"的有机统一。换言之,我们的课程设计应该贴近儿童的学习需求,聚焦孩子们的生长点。

第二个关键动作,建构自己独特的"课程图谱"或"课程坐标"。

丰富的课程比单一的课程更有利于孩子们的人性丰满,这是一个课程常识。如果把课程视为书本,孩子们可能会成为书呆子;如果把课程视为整个世界,孩子们可能会拥有驾驭世界的力量。

课程是一个可延伸的触角。让课程更好地链接生活、链接活动、链接管理以及一切可能的要素,让学校课程纵横交错,能够真正"落地",这是迈向 3.0 课程变革的关键手法。

为此,每一所学校都应致力于建构自己独特的"课程图谱"或"课程坐标"。在横向上,将学校课程按照一定的逻辑进行合理的分类;在纵向上,将学校课程按照年级分为不同层级,形成一个适应不同年龄阶段孩子的课程阶梯。具体地说,在横向上,重构学校课程分类,让孩子们分门别类地把握完整的世界之奥秘;在纵向上,强调按先后顺序,由简至繁、从已知到未知、从具体到抽象,保持课程的整体连贯。这样,我们就可以形成天然的、严密的学校课程"肌理",让课程有逻辑地"落地",有利于克服课程碎片化、大杂烩问题。

总之,如何按照一定的逻辑,理顺学校课程纵向与横向关系是学校课程变革需要审慎思考的问题。让课程真实地存在于特定学制之中、特定年级之中、特定班级之中,让每一位教师可以看到自己在学校课程图谱中的位置,每一个家长可以更清晰地知道自己的孩子在学校将学习什么,未来将发生什么,学校将把孩子们引向何方……一句话,课程是动态的课程,而不是静止的名称。

第三个关键动作,具身学习成为课程最核心的实践样式。

真正的学习应是具身的。换言之,只有个体亲身的经历和体验才称得上是学习。课程从本质上说是一种经验。说白了,课程就是让孩子们体验各种经历,并由此将知识以及其他的各种可能转化为自身的经验,实现自身的"细微变化"。

3.0 的学校课程表现出这样两个特点:一是突出孩子们在课程设计、实施与评价中的主体地位,让他们在课程中释放激情;二是从孩子们的角度出发设计课程,以孩子们喜欢的方式实施、评价以及管理课程。这样,课程不是外在于孩子们的,孩子们本身就是课程的设计者、实施者和评价者。

培根说,知识就是力量。这话只说对了一半,确切地说,具身的知识比离身的知识更有力量,能够勾连起想象力的知识比无想象力的知识更有力量,有繁殖力的知识比无繁殖力的知识更有力量,成体系的知识比碎片化的知识更有力量,被运用的知识比没有得到运用的知识更有力量。课程是有设计、有组织的经验系统。在这里,见识比知识更重要,智识比见识更有价值。

在课程实施过程中,让孩子们采用多样的、活跃的学习方式,如行走学习、指尖学习、群聊学习、圆桌学习、众筹学习、搜索学习、聚焦学习、触点学习……但凡孩子们生活世界里精彩纷呈、活跃异常的做事方式,就是课程实施的可能方式,而不仅仅是所谓的概念化了的"自主、合作、探究"。杜威说:"一切学习来自经验。"实践、沉浸、对话、互动、参与、体验是课程最活跃、最富灵性的身影,也是课程实施的最重要的方法。重视孩子们直接经验的获得,通过一系列的实践活动,扩充和丰富孩子们的经验,是3.0课程的重要表征。

第四个关键动作,课程不再是"孤军作战",关联与整合成为课程实施的常态。

关联与整合是3.0学校课程变革的关键特征之一。关联与整合强调要以各学科的独立性为前提对课程内容进行多维、多向的组织。这就意味着,我们要打破学科的固有界限,找出课程要素之间的内在联系,关注知识的应用而不仅仅是知识形式,强调内容的广度而不仅仅是深度。在整合的基础上,加强各个学科之间、课程内容和个人学习需求之间、课程内容和校外经验之间的广泛联系。

一般地说,课程整合有两种常见方式:一是射线式整合,即以学科知识为圆点,根据知识的内在逻辑联系而进行多维拓展与延伸;二是聚焦式整合,即以特定资源为主题,根据学习者的兴趣或经验,以加强孩子们与社会生活的多学科、多活动的关联与整合。从表现形式来看,既有"学科内统整",又有"学科间统整";既有"跨学科统整",又有"学科与活动统整"以及"校内与校外统整"等。

课程是浓缩的世界图景。3.0的课程是富有统整感的课程,是多维连结与互动的课程。不论是学科课程的特色化拓展,还是主题课程的多学科聚焦,都应尽可能回到完整的世界图景上来,努力将关联性与整合性演绎得淋漓尽致,让孩子们领略世界的完整结构。

第五个关键动作,学校弥漫着浓郁的课程氛围,自觉的课程文化是变革的结晶。

课程保障条件的落实、课程氛围的营造以及学校文化的自觉生成,是 3.0 课程变革的重要组成部分。中小学如何落实课程保障条件、让学校课程氛围浓郁起来? 有两点建议值得一提:

一是主题仪式化。孩子们对于节日的喜爱源自天性,几乎没有孩子不喜欢"过节"。每个学期开始前,学校可以集体策划、共同商讨本学期的主题节日。如学校可以推出热火朝天的"劳动节",引导着孩子们动手动脑,学会观察,搞小研究,孩子们以"种植"为主题,选择不同的植物作为研究对象;可以设计绚烂多彩的"涂鸦节",针对不同年级开展不同的涂鸦活动,以生动有趣的形式来展现审美情趣,表达情感,激发孩子们的创意,让他们增进环保意识;可以创造生机盎然的"花卉节",带着孩子们走进大自然,感受花卉的美丽绚烂,搜索和花相关的各种诗篇、成语、民间故事,增长见识的同时提升审美情趣;可以拥有别开生面的"晒宝节",孩子们在全家的支持下开始搜索各种宝贝,如独立寻找自己的钢琴考级证书,在家人的帮助下寻找爸爸、妈妈小时候的照片,奶奶钟爱的缝纫机,爷爷的上海牌手表等。当然,我们还可以生成趣味无穷的"游戏节"、传递温情的"爱心节"、开阔眼界的"旅游节"……对于孩子们来说,校园节日是难能可贵的课程。

一句话,学校精心准备、周密策划,充分发挥全体教师的智慧与才干,开发具有时尚、艺术、娱乐等元素的、孩子们喜欢的校园节日,将德育活动通过一个个校园节日展现出来,让丰富多彩的节日活动吸引孩子们,让浓郁的课程文化给孩子们的校园生活留下美好的回忆。

二是空间学习化。迈向 3.0 的课程善于发现空间的"意义结构",它常常以活跃的空间文化布局诠释"空间即课程"的深刻内涵。现在,我们有很多学校已经意识到了"空间课程领导力"的价值。诸如以下一些做法都是值得我们赞赏的:1. 办学理念视觉化、具象化,充分展示一所学校的文化气质;2. 办学特色课程化、场馆化,让办学特色成为课程美学;3.教室空间资源化、宜学化,让每一间教室都释放出生命情愫;4.图书廊馆特色化、人性化,让沉睡的图书馆得以唤醒;5.食堂空间温馨化、交往化,让喧闹的餐厅不仅仅可以就餐;6.楼道空间活泼化、美学化,让孩子们转角遇见另一种美……如何最大限度地让校园空间成为课程的有机组成部分,如何最大限度地让每一个物理空间释放教育能量,如何突破教室和校园围墙限制,让社区、大自然和各种场馆成为课程深度推进的生命空间,是3.0课程的美好期待。

这意味着,我们应当超越对空间的一般认知,重塑空间价值观念,提升空间课程领导力。通过设计、再造、巧用空间的"点、线、面、体",促进学校课程深度变革。我们应从实践美学的视角,重新发现学校空间的课程内涵,清晰定位学校的办学愿景、办学理念、内涵特色和育人目标,把无形的教育理念转变为有形的课程空间,通过深入分析学校的内涵发展、办学特色、课程理念,以及学生的多元学习需求,研究不同课程教学活动对空间的功能诉求,从物理设施、学习资源、技术环境、情感支撑和文化营造等维度上,对空间功能进行整体再构和巧妙运营,将课程理念转变为看得见的空间课程,让空间最大程度地满足不同学生的多元化发展需要。

总之,课程是一种文化范式。推动基于课程向度的仪式创意与空间设计,关注学习方式的多变性和场景性、学习时间的灵活性和可支配性、学习空间的多元性与舒适性、学习资源的丰富性和易得性,让所有的时空都释放出教育价值,让所有的时空都成为课程场景,让孩子们学习作品的形成、展示、发布、分享成为校园里最美丽的景观,让时空展示出生命成长的气息和活性,这是3.0课程的美好图景之一。

第六个关键动作,聚焦儿童的成长与发展,让课程表现出鲜明的回归属性。

3.0课程变革具有鲜明的回归属性:无穷点的多维连结聚焦到人的完整发展与灵性生长,回归到"教育即解放"这一"原点"上。

众所周知,课程与儿童的关系是一个既古老又年轻的话题。说它古老,是因为自从有了学校教育,有关课程与儿童的讨论便应运而生,历史上每一次课程改革都必然伴随着儿童观的思考;说它年轻,是因为随着时代的发展,这个问题会表现出新的形态与新的内涵。可以说,"让课程回归儿童"是3.0课程的必然选择。

当前,我们有很多学校在处理课程与儿童的关系问题上显示了高超的艺术与纯熟的智慧:课程目标设计过程凸显内在生长的视角,课程内容设计方面突出课程内容的生命活性,课程结构把握强调纵横交错的系统思维,课程实施探索强调具身学习的人本立场,课程评价与管理彰显儿童的主体地位。

课程即独特的生命体验。一百个孩子,一百个世界。每一个孩子对世界的认识都不一样,课程就是要认可每一个孩子的生命体验,并尊重他们的选择和体验。课程也是可选的发展标志。每一个孩子都有自己的发展高度,每一段路都是一个人生标杆,每一段经历都是一个人生标杆。课程就是要依据孩子的不同实际,开发适合他自己的独特的"生命图景",让课程真正回归儿童。

说到这里,不由地想起美国课程学者小威廉姆 E·多尔提出的以 Rich(丰富性)、Recursive(回归性)、Relational(关联性)和 Rigorous(严密性)的"4R"课程设计理路,让学校课程变革更符合生命成长的诗性节律。我的推想是,迈向 3.0 的学校课程变革是不是在践行"4R"的课程追求呢?是不是在推进基于文化自觉的课程变革呢?答案是肯定的!

杨四耕

2016 年 11 月 15 日于上海市教育科学研究院

目 录

第一章　语言学习与精神成长共舞 / 001

海德格尔说:"语言是存在之家。""品质语文"是有立体感的语文、有文化感的语文、直抵心灵的语文。立言立人,直抵精神深处。语文要引领孩子的精神成长,涵养诗意的性灵,培育哲学的慧眼,锻造磊落的襟怀,树立慎终追远的信念,种植读书的种子。一言以蔽之,语言学习与精神成长共舞。

第二章 定性把握与定量刻画世界图景 / 019

数学是人们对客观世界的定性把握与定量刻画,是逐渐抽象概括、形成理论和方法的过程。"魅力数学"把育人为本作为学校数学教育的根本要求,关心每个学生,促进每个学生主动地、生动活泼地发展,尊重教育规律和学生身心发展规律,为每个学生提供适合的数学教育。

第三章 赋予学习者生动的语言感知 / 037

席勒说:"思考是我无限的国度,言语是我有翅的道具。"赋予学习者生动的语言感知,让孩子们感受多彩的文化魅力,获得多样的英语学习体验;在培养学生语言技能运用的同时,提升学生的文化对话能力,是"活力英语"的诉求。我们期望,用充满活力的英语课程,培养有人文情怀的英语学习者。

第四章　让学习充满磁力线的立体感和张力美 / 061

　　物理是美妙的。物理不是知识的堆砌,不是毫无生命力的概念叠加。让物理充满磁力线的立体感和张力美,让学习展现磁场的自然美和吸引力,是"磁性物理"的追求。调动学生学习的积极性,唤醒学生的探索精神,培养学生的创新能力,是物理课程最美好的期待。

第五章　让孩子们用化学的眼光看世界 / 081

　　化学是在原子、分子水平上研究物质的组成、结构、性质及其应用的一门自然科学,是有情境、重探究、可实践、讲实用、会创造的学科。让孩子们用化学的眼光看世界,理解学科核心知识、培养问题解决能力,形成科学思维方式,铸就学科品格文化,是

"多彩化学"的期待。

第六章　生命可以如此纯粹而美好 / 099

　　塑造善良、丰富、高贵的灵魂，是教育的终极价值。我们期望在道德与法治课程中，远离喧嚣，回归"立德树人"的初心，在和谐自然的教学场中，师生、生生平等对话，相互启迪，实现课程与教学变革的美好期待：让生命纯粹而美好。

第七章　以本真状态探求历史的本来面貌 / 115

李大钊说："凡学都所以求真,而历史为尤然。"从现实情境走近历史,了解历史史实;从生活视角走进历史,体验历史过程;从理性思考走出历史,还原历史真相,这就是"本真历史"的镜像。历史课程贵在让历史与现实情景交融,让学生以本真状态探求历史的本来面貌。

第八章　认识生命科学的多彩本质 / 129

生物科学是研究生命现象和生命活动规律的一门科学。初中生物课程必须面向全体学生,致力于提高生物科学素养。我们坚信:多彩生物,让生命更精彩。因此,我们倡导生命观念、理性思维、科学探究和社会责任,让学生主动参与学习过程,提高学生对生命科学本质的认识,让生命更精彩。

第九章　洞察地理与生活的内在联系 / 145

　　教育的最终目的是让学生能够创造理想的生活,能够享受幸福的生活,能够与社会和他人和谐地生活。我们以"生活地理"为核心理念,培养学生用"地理眼"观世界,运用正确的人地观念审视人类活动,最终成为对环境、对未来有强烈责任感的公民,彰显地理"立德树人"的学科价值。

第十章　音乐的目的在于丰富生命意涵 / 167

　　我们秉持"缤纷音乐"的学科理念,导入多元文化,开发富于人文色彩的音乐课程,开发多种能力的实践空间。音乐的最终目的,在于让孩子们丰富生命意涵,领悟人生真谛。我们找寻核心素养落地的力量,让孩子们放飞梦想,开启属于自己的美好人生。

第十一章　被闪耀人性之光的艺术强烈地震撼 / 187

美是灵魂的"清道夫"。美术课程的目标不是培养"艺术家",而是培养"审美人"。通过联想和互动,让孩子们能够被闪耀人性之光的艺术作品强烈地震撼,让他们在静观的审美状态下,揽对象于心胸,把整个精神气质注入外物,让审美对象还以温暖的回眸,实现物我对话,这便是"灵韵美术"的期待。

第十二章　全方位培养学生的信息技术素养 / 207

信息技术课程以培养学生的信息技术科学素养为己任,试图在让学生了解和掌握信息技术基本知识和技能的同时,激发他们的创新精神和实践能力。信息技术时代,人们从单纯的教室和课本中走了出来,可以随时随地进行学习,进而形成"时时学习,事事学习,活到老学到老"的终身学习观,与当今世界的发展无缝对接。

第十三章　让孩子们身体与精神都处于良好状态 / 221

体育与健康课程以体育技能学习和身体练习为手段,让每一个孩子收获健康,收获快乐。通过合理的锻炼培养学生阳光的心态、健康的体魄、良好的意志品质,让运动成为一种习惯,让健康相伴一生,这便是"阳光体育"的旨趣。

前　言

真正的课程是鲜活的

常州市第二十四中学是一所传统与现代交融的学校,在80多年的悠久办学历史中,积淀了深厚的文化底蕴,形成了质量立校的优良传统。学校经过三轮主动发展,注重在传承中创新,在创新中发展,教育的内涵不断得到提升,成为学生和家长向往的常州市初中名校。

2015年,学校开始了第四轮主动发展,秉持"人文情怀、智慧育人、和谐发展"的办学理念,凝练了"养正·尚雅"之校训,确立了把学校建设成为"养正尚雅的精致学园、怡情启智的幸福家园"的发展愿景,在"雅正文化"的引领下,学校改革与发展翻开了新的篇章。2016年,学校成功创建了常州市首批"新优质学校",踏上了品质提升的新征程。

一所学校的优质发展需要一种精神,需要一种能超越时空引领学生、教师、学校共同发展的教育哲学。我们期待能洞悉浮在教育表面的东西,直指教育的核心精神。在这种想法的内驱下,我们汇聚全校的智慧与力量追问历史、审视当下、思考未来,试图用自己的语言来表达我校80多年来对教育理想的不懈追求,表达二十四中教育的内在气质。我们发现:不管是过去还是现在,某种潜在的宁静和美好一直萦绕在二十四中人的心底,引领着学校稳健前行,那就是一个"雅"字。"雅"让我们对学校教育的思考豁然开朗,教育是惠民的事业,雅美的实践,对正气和优雅的追求是永恒的使命。"雅"是学校教育的核心精神,具有广阔的现实图景。

"雅"是什么?教育之"雅"又是什么?我们在追寻。有人认为雅就是脱俗,我们认为,真正的雅在于脱"雅",为什么呢?人们往往因为向往雅而故作姿态,但真正的雅应该是"近俗"的,是个人修养的提炼,是人生从容淡然的境界。"雅"是我国古代儒家文化中君子的毕生追求，集传统文化精华"仁"、"礼"于一身。"雅"是现代人的一种气质、胸襟和品位，追求的是理想和格调。

"雅教育"与我国传统的"君子教育"在精神气质上是暗合的，与古希腊的"博雅教育"、亚里士多德的"和谐教育"、约翰·洛克的"绅士教育"也不谋而合。如古希腊著名哲学家柏拉图主张音乐与体育、歌舞结合，达于"载歌载舞"的境界，既是美育与体育共孕的健与美的形象，又是一种美与善相统一的心灵的和谐。近代英国教育家洛克也提出了"绅士"教育思想。"绅士"是指有多方面的知识和学问，并使其德行、学问和智慧得到发展的，有才干的人。洛克强调身心的健康和均衡发展，重视道德教育的"及早实践"，并强调通过实际道德行为的锻炼来培养德行。在知识教育方面，他反对过早的专门化、学科化，主张博学，而非局限于某一系统的理论知识，他在《人类理解论》一书中指出："教育之事务，并非使儿童在任何一门科学上达到完善的程度，而是开放他们的心灵。"洛克的"绅士"教育思想与我国传统的"君子"教育在精神气质上是暗合的。孔子曾在教育史上第一个提出"性相近也，习相远也"，这与洛克的"白板说"是相通的，他们都主张后天的环境对儿童有深刻影响，强调环境和教育的重要性。"雅"是无法灌输和强行规范的，它需要培养和历练，需要在优良环境中自主生长，需要在体验、感悟中获得触及心灵的滋养。"雅教育"的独特之处在于传承中国优秀传统文化教育的精华，基于教化，又超越教化，是以"中华情怀"和"世界眼光"为支撑的，这样的教育探索值得期许。

我们提出"雅教育"之哲学，期待用以彰显二十四中独特的办学追求，是对学校"人文情怀、智慧育人、和谐发展"的办学理念的传承与发展。我们注重在各项工作中渗透"雅"的理念与元素。一是致力于构筑"雅"的根基——科学。二是致力于积淀"雅"的底蕴——人文，我校"立言立人——做有品质的语文"成功申报了江苏省课程基地，校园"雅悦阅读节"系列活动，激发学生阅读兴趣，积淀人文底蕴。七年级举行经典诗歌或学生原创诗歌诵读展演，八年级把文本变成剧本，搬到舞台，编剧融注体悟，表演诠释解读。"江南梅文学社"定期外出采风，至今已经出版了 42 期文质兼美的文学月报，在"江苏省首届中小学优秀校园报刊评比活动"中获得一等奖。三是丰满"雅"的羽翼——艺体,校园"雅韵艺术节"、"雅趣体育节"深受学生喜爱。"24民乐坊"出访欧洲,在维也纳金色大厅成功演出。

我校的"雅教育"以优雅生长为中心,将"塑优雅有思想的教师、育卓雅有灵气的学生、办高雅有特色的学校"融为一体。以雅润雅,使师生在雅境中共同经历与滋养,儒雅之气长于正直之心,历练成为内涵修养丰富、外在气质高雅的君子,为美好人生奠基。我们秉持如下教育信念:

我们笃信,

雅是生命的美好情态;

我们笃信,

学校是涵养气质的地方;

我们笃信,

教育是雅与美的诚挚邀约;

我们笃信,

优雅有思想的教师最美;

我们笃信,

卓雅有灵气的学生最优;

我们笃信,

向雅而行、厚植未来是教育永恒的使命。

基于上述教育哲学,我校确立如下课程理念:向雅而行,厚植未来。具体内涵如下:

课程即美好的相遇。向雅而行,含英咀华。学校成为汇聚美好人、事、物的中心,让不同个性的学生在校园生活中美好"相遇"。在这里,遇见成长中的关键人物、关键事件、关键书籍和关键知识、关键能力。课程是带着生命气息的知识,是美好的拥有,是自然与人文世界的美丽邂逅。用一句话表达:课程是一所学校给予学生的最好的成长礼物！

课程即生命的情态。雅，不止于外表，更在于内涵。青少年时期是人生的一段重要生命历程。我们应当充分尊重学生的个性需求，设计丰富多彩的课程，让每个学生找到属于自己的世界，让言说优雅，让心灵飞扬，让经历难忘。

课程即多彩的记忆。课程要让学生感到温暖与回味，让人回想起风雨中"24 里坚毅行"的追梦历程，让人回想起校园里跃动的旋律，让人回想起在蓝天下放飞"水火箭"的期待……在追梦的途中摔倒时，让人感到有一种力量在推动、激励着自己不断地追寻诗和远方。

课程即生长的力量。青少年时期是人生最珍贵的黄金季节，学校要为学生的成长提供丰富的经历与体验，要为学生搭建展现自己精彩的舞台，要让每个孩子都能找到生长的力量，让校园处处展现生命的活力与成长的拔节历程，积累宝贵的人生财富。

总之，我们学校教育要坚守本真，笃行正道，师生正心立品、儒雅智慧，倡导"雅正"的价值取向，涵养"雅慧"的教育气质，赢得"雅誉"的不断提升。因此，我们将学校课程取名为"雅慧课程"。

我们一直在思索，教育进入核心素养时代，学校教育该如何通过课程来探索核心素养落地之路径，来构建服务于学生成长需求的课程立交桥，从而实现我校的育人目标，把学生培养成"品行雅正、情智和谐、责任担当"的现代优秀公民。

学生核心素养的形成，需要各学科在教学中帮助学生形成具有学科特质和跨学科整合的关键能力和必备品格，体现学科的育人价值。我校在全国品质课程联盟召集人、上海市教育科学研究院杨四耕老师和常州市教科院朱志平院长的指导下，基于常州教育"新优质"的教育背景、基于学生未来的发展、基于学校教育未来的价值，汇聚全校的智慧与力量，寻找适合二十四中的课程坐标。我们将办学理念、雅正文化、育人目标有机融入课程建设中，对学校现有课程进行梳理和反思，通过多种形式进行调研和分析，凝练学校的课程哲学，厘清学科的课程定位，明晰课程的逻辑起点，致力于构建以核心素养为本的学校 3.0 版实践蓝本。顺应学校的发展要求和师生的价值认同，"雅慧课程"在二十四中的土壤中自然地生长出来了，课程目标力求校本化表达；课程结构凸显选择性,实现素养和课程的有效链接;课程实施体现灵活性,突出体验和项目学习;课程评价主张多维立体,让评价促进师生的生命成长。

"雅慧课程"体系由活动课程和学科课程两大类组成,从其功能角度看,"雅慧课程"的活动课程体系包括雅正课程、智慧课程和责任课程三个模块;"雅慧课程"的学科课程体系包括语言与生活、思维与逻辑、科学与探究、体育与健康、道德与法制、艺术与审美六个领域,每个领域又分设基础性课程和拓展性课程。基础性课程按照国家课程标准完成教学目标和基本课时,培养学生适应未来社会所必需的品格和关键能力,是全体学生必修的课程;拓展性课程是基础性课程的延伸,满足个性化的学习需求,开发和培育学生的潜能,是学生自主选择的课程。课程设置体现分层、分类、综合的多样化和选择性。在夯实学生发展共同基础的同时,增强个性选择,力求最大化地适切学生,使学生在课程中获得外显雅正、内涵智慧的成长。

学科课程建设水平是一所学校发展水平的关键表征。在杨四耕老师的指导下,各教研组运用SWOT分析法对学科发展的内部和外部环境进行分析,将学科发展规划与学科内部的优势与劣势、外部的机遇与挑战有机结合,充分挖掘学科的内部优势,利用学科发展的外部机遇,从现有的学科资源中发掘优势发展潜力,确立学科发展理念,凝练学科教学主张,设计学科特色发展方向。

课程的多样化、结构化是学科发展水平的重要标志,学校将"学科课程群"建构作为"雅慧课程"建设的着力点。我们忠实于国家课程的基本价值追求,基于学科课程标准,统整课程内容,架构结构完整的、系统的课程体系,形成相互渗透、互相依托的学科课程群,为学生提供多样化的课程选择。例如:语文学科,主张"语言学习与精神成长共舞",用灵动的语言创造精神世界,课程群分为阅读品位、口语交际、写作品位、综合实践四大类,构建了经典诵读、微写与微评、红梅公园里的语文课、戏剧大舞台等18门课程,以打造"有尊严的言语生命课堂"为路径,促进学生的"立言立人"。物理学科,主张"让物理学习充满磁力线的立体感和张力美",将普适与个性并重,构建了物质、能量、运动与相互作用等必修课程,物理学史、现代科技、趣味实验、信息技术、STEAM创造等选修课程,以期待穷理正心,激发学生的探索精神,提升学生的科学素养与创新能力。各学科课程群注重生活体验,注重实践探究,丰富学生的学习经历,彰显学科的育人魅力,支持学生的深度学习和个性化学习,满足学生的全面而个性发展的需求。

南京师范大学杨启亮教授曾经打过一个比方:教育就好像射箭,有很多事情要做,比如,你要画一个靶子,还要教会学生如何射中这个靶子。画靶子固然重要,但是真正困难的是让学生掌握射中靶子的方法。照这个比方,可以这样认为:确定课程建设方案就像画一个靶子,靶子固然要画得精彩、要有技术含量,但接下来的实施和评价更重要。

"雅慧课程"的实施灵活多样。分层课程学生自主选择,实施"协商式走班教学";分类课程和活动课程尝试"长课程"与"短课程"组合,"长课时"与"短课时"组合,以研究性学习、主题活动、自选项目等形式开展,使学生在多元的课程中获得外显雅正内涵智慧的成长。探索"协商式分层走班教学",完善运行机制,将"协商"与"分层"和谐落实。尊重学生差异,实施因材施教,使不同层次的学生在最近发展区得到相应的发展。课程资源整合优化,为学生提供可选择的课程菜单。学校成立了"地球探秘"、"趣味历史"、"智慧数学"、"24 民乐坊"、"舞动青春"、"乒动我心"、"江南梅文学社"等 20 余个学生社团,促进学生个性化发展。

课程评价创新发展。进一步完善发展性评价体系,坚持全面综合,力求做到评价方式多样,评价主体多元;立足过程评价,定性定量结合;关注个体差异,促进学生健康成长、教师专业发展、课程科学完善。学科基础性课程采用成绩评定的方式,学科拓展性课程和活动性课程拟采用学分制、等级制管理;学生评价试行二十四中合格毕业"1+N"证书标准,坚持"综合素质评价",完善"学生成长手册"。

我们认为,最好的课程是教师和学生一起在实践中逐步摸索出来的,真正的课程一定是在学校里鲜活着的,课程的研发过程是师生共同创造的成长历程!

这只是开始,我们正行走在学校课程深度变革的路上。

张慧群

2018 年 6 月 12 日

第一章　语言学习与精神成长共舞

海德格尔说:"语言是存在之家。""品质语文"是有立体感的语文、有文化感的语文、直抵心灵的语文。立言立人,直抵精神深处。语文要引领孩子的精神成长,涵养诗意的性灵,培育哲学的慧眼,锻造磊落的襟怀,树立慎终追远的信念,种植读书的种子。一言以蔽之,语言学习与精神成长共舞。

⬧ 学科课程哲学
　　品质语文,直抵精神深处

⬧ 学科课程目标
　　用灵性的言语创造精神世界

⬧ 学科课程框架
　　全面满足学生的语言学习需求

⬧ 学科课程实施
　　开展有声有色的语文学习活动

常州市第二十四中学语文组,现有教师20人,其中高级教师17人,包括江苏省特级教师1人,常州市学科带头人2人,常州市骨干教师3人,教学能手和教坛新秀2人。其中有1人担任校长,1人担任学校副书记、副校长,1人担任学校教导主任。女教师17人,男教师3人。语文教研组秉持"立言立人,做有品质的语文教育"的课程理念,充分发挥团队合力。依据学校制订的"雅慧"课程计划,教研组认真开展教研组活动和备课组活动,积极参加常州市教科院组织的各类教科研活动并取得了不少成果。以备课组为单位开展听课、说课、磨课活动,以教研组为单位开展教学研究,带动教育集团的教研组共同发展。语文组的每位教师都形成了自己的教学特色,课堂教学深受学生喜爱。

 学科课程哲学

品质语文，直抵精神深处

一、学科价值观

《义务教育语文课程标准(2011年版)》指出："语文课程是一门学习语言文字运用的综合性、实践性课程。义务教育阶段的语文课程，应使学生初步学会运用祖国语言文字进行交流沟通，吸收古今中外优秀文化，提高自身文化修养，促进自身精神成长。工具性与人文性的统一，是语文课程的基本特点。"

基于这种认识，我们认为，语文课程的核心价值是教会学生运用祖国语言文字。因此，我们以"促进学生精神成长"作为课程开发的哲学依据，以打造"有尊严的言语生命课堂"作为具体平台，帮助学生立言立人。

二、学科理念

依据《义务教育语文课程标准(2011年版)》文件精神，结合我校历史、文化、语文学科的实际情况，我校将语文学科的核心概念定义为"品质语文"，即"立言立人，直抵精神深处"。

我国20世纪初开创的现代语文教育，对满足平民大众生存性言语应用之需，实现基本的文化救济，功不可没。然而，近年来的语文教育以实利主义为哲学背景，以"应付生活"本体论、"工具性"功能论、"阅读本位"教学范式对学科进行低标准、失之

偏颇的定位,忽视传统母语教育的人文传承、精神熏陶,忽视言语信仰、精神创造力培育,重"生存"轻"存在",重"阅读"(为读而读)轻"写作",致使语文教育实践一蹶不振、江河日下。

在物质、精神文明与科技、文化高度发展的今天,以人的"存在"需求涵盖、超越"生存"需求,以"立言"之精神高标涵盖日常生活之言语应用,乃大势所趋。今天以至未来的语文教育,当以"表现—存在"为宗旨,以言语表现服务人生、建构精神家园,彰显人的生命意义、存在价值。其课程性质是为培养立言者奠基,其低标为培养"写作—言说"者。课程目的是以成全、成就立言者为教育信念,以引领言语人生、诗意人生为终极关怀。课程任务是以培育言语、精神生命意识为主线,贯穿言语素养(动机素养、知情意素养、体式素养、行为素养、创造力素养等)的涵养过程。教学原则是以写(表现与存在)为本,为写择读(听、说),以写促读,由读悟写,读以致写。学生将从言语表现中获得人之为人的尊严感、存在感,体验言语、精神生命的魅力、美妙与幸福。

我们语文学科组提出"立言立人,做有品质的语文教育"的学科理念,具体而言:

一是"立言",提升学生语文关键能力。开发扎实有效地培养学生语文能力的课程资源,构建注重学生体验的、带有美感的、开放式的、动态的课堂,以促进学生首先"立言",学习运用语言文字,全面提高语文关键能力。

二是"立人",促进学生精神成长。教育的最终目的是育人,语文课就是凭借语言文字对学生进行精神哺育。学生徜徉于语言文字中,用生命去体验,用思想去感悟,用言语去表达,逐渐形成、发展自己的人生观与价值观。

我们认为,只有构建高品质的阅读生活、写作生活,才能促进语文素养的提升,才会有生命的表现与存在。我们所追求的语文课程,其温暖而又鲜明的核心观点是:立言立人,做有品质的语文教育。

 学科课程目标

用灵性的言语创造精神世界

《义务教育语文课程标准（2011 年版）》指出，语文课程致力于培养学生的语言文字运用能力，提升学生的综合素养，为学好其他课程打下基础；为学生形成正确的世界观、人生观、价值观，形成良好个性和健全人格打下基础；为学生的全面发展和终身发展打下基础。语文课程对继承和弘扬中华民族优秀文化传统和革命传统，增强民族文化认同感，增强民族凝聚力和创造力，具有不可替代的优势。

从"语文素养"这一核心概念出发，我校将语文课程目标体系分为显性课程目标和隐性课程目标。语文显性课程目标包括语文基础知识、阅读、写作、口语交际和综合性学习五部分，语文隐性课程目标则包括审美能力、探究能力和情意要素等。

一、语文显性课程目标

（一）语文基础知识

语文基础知识主要包括识字、写字与汉语拼音教学。识字、写字是阅读和写作的基础，是第一学段的教学重点，也是贯串整个义务教育阶段的重要教学内容。按照规范要求认真写好汉字是教学的基本要求，练字的过程也是学生性情、态度、审美趣味养成的过程。教师应指导学生掌握基本的书写技能，写字姿势准确，养成良好的书写习惯，提高书写质量。为此，可以在每天的语文课中安排 10 分钟练字时间，在教师指导下进行随堂练习，做到天天练；在日常书写中增强练字意识，讲究练字效果。《义务教

育语文课程标准》要求学生到初中毕业时累计认识常用汉字3 500个,其中3 000个左右要求会写。

关于语法修辞知识的教学,应根据语文运用的实际需要,从遇到的具体语言实例出发进行指导和点拨,目的是为了帮助学生更好地识字、写字、阅读与表达,形成一定的语言应用能力和良好的语感,而不在于对知识系统的记忆。因此,要避免脱离实际运用,围绕相关知识的概念、定义进行"系统、完整"的讲授与操练。

(二)阅读

阅读是运用语言文字获取信息、认识世界、发展思维、获得审美体验的重要途径。阅读教学是学生、教师、教科书编者、文本之间对话的过程。阅读是学生的个性化行为,阅读教学应引导学生钻研文本,在主动积极的思维和情感活动中,加深理解和体验,有所感悟和思考,受到情感熏陶,获得思想启迪,享受审美乐趣。教师应加强对学生阅读的指导、引领和点拨,但不应以教师的分析来代替学生的阅读实践,不应以模式化的解读来代替学生的体验和思考;要善于通过合作学习解决阅读中的问题,但也要防止用集体讨论来代替个人阅读。阅读教学应注重培养学生感受、理解、欣赏和评价的能力。在理解课文的基础上,提倡多角度、有创意的阅读,利用阅读期待、阅读反思和批判等环节,拓展思维空间,提高阅读质量;但要防止逐字逐句的过深分析和远离文本的过度发挥。阅读教学要重视朗读和默读。朗读的目标要求"有感情地朗读",是指要让学生在朗读中通过品味语言,体会作者及作品中的情感态度;学习用恰当的语气语调朗读,表现自己对作者及其作品情感态度的理解。因此,应加强对阅读方法的指导,让学生逐步学会精读、略读和浏览。有些诗文应要求学生诵读,以利于丰富积累,增强体验,培养语感。

在阅读教学中,为了帮助理解课文,可以引导学生随文学习必要的语文知识,但不能脱离语文运用的实际去进行"系统"的讲授和操练,更不应要求学生死记硬背概念、定义。要重视培养学生广泛的阅读兴趣,扩大阅读面,增加阅读量,提高阅读品位。提倡少做题,多读书,好读书,读好书,读整本的书。关注学生通过多种媒介的阅读,鼓励学生自主选择优秀的阅读材料。加强对课外阅读的指导,开展各种课外阅读活动,创造展示与交流的机会,营造人人爱读书的良好氛围。

（三）写作

写作是运用语言文字进行表达和交流的重要方式,是认识世界、认识自我、创造性表述的过程。写作能力是语文素养的综合体现。写作教学应贴近学生实际,让学生易于动笔,乐于表达,应引导学生关注现实,热爱生活,积极向上,表达真情实感。

在写作教学中,应注重培养学生观察、思考、表达和创造的能力。要求学生说真话、实话、心里话,不说假话、空话、套话,并且抵制抄袭行为。为学生的自主写作提供有利条件和广阔空间,减少对学生写作的束缚,鼓励自由表达和有创意地表达。鼓励写想象中的事物,加强平时练笔指导,改进作文命题方式,提倡学生自主选题。写作教学应抓住取材、立意、构思、起草、加工等环节,指导学生在写作实践中学会写作;重视引导学生在自我修改和相互修改的过程中提高写作能力;重视写作教学与阅读教学、口语交际教学之间的联系,善于将读与写、说与写有机结合,相互促进;关注作文的书写质量,使学生把作文的书写也当作练字的过程。此外,积极合理利用信息技术与网络的优势,丰富写作形式,激发写作兴趣,增加学生创造性的表达、展示交流与互相评改的机会。

（四）口语交际

口语交际能力是现代公民的必备能力。语文课程应培养学生倾听、表达和应对的能力,使学生具有文明和谐地进行人际交流的素养。口语交际是听与说双方的互动过程。其教学活动应主要在具体的交际情境中进行,不宜采用大量讲授口语交际原则、要领的方式。应努力选择贴近生活的话题,采用灵活的形式组织教学。重视在语文课堂教学中培养口语交际的能力,鼓励学生在各科教学活动以及日常生活中锻炼口语交际能力。

（五）综合性学习

综合性学习主要体现为语文知识的综合运用、听说读写能力的整体发展、语文课程与其他课程的沟通、书本学习与生活实践的紧密结合。综合性学习应贴近现实生活。联系生活中的实际问题开展学习活动,在实现语文学习目标的同时,提高对自然、社会现象与问题的认识,追求积极、健康、和谐的生活方式,增强抵御风险和侵害的意识,增强在与自然、社会和他人互动中的应对能力。

综合性学习应突出学生的自主性,重视学生主动积极的参与精神,主要由学生自行设计和组织活动,特别注重探索和研究的过程,加强教师在各环节中的指导作用。综合性学习应强调合作精神,注意培养学生策划、组织、协调和实施的能力。综合性学习的设计应开放、多元,提倡与其他课程相结合,开展跨学科学习。跨学科学习,也应以提高学生语文素养为目的。积极构建网络环境下的学习平台,拓展学生学习和创造的空间,支持和丰富语文综合性学习。

二、语文隐性课程目标

(一)审美能力

一方面,语文课程与教学要引导学生在鉴赏文学作品的过程中感受大千世界和美丽人生的多姿多彩,从中积淀丰富的审美体验,陶冶性情,涵养心灵;另一方面,要启发学生深入言语,悉心品味语文课程的本质要素——言语形式之美,并在这种渐趋深化的对言语形式的品味中养成特色化和创造性的言语表达能力,能用闪烁着灵性和智慧的言语形式去创造独特的具有审美价值的精神世界,给人带来新的审美享受。

(二)探究能力

语文学习和实践的过程其实就是一种探究的过程,即学生通过有质量的阅读写作活动去探究人生的价值,逐步形成自己的思想和行为准则,树立积极向上的人生理想,增强为民族振兴而努力的使命感和社会责任感。就个体生命一生的发展来说,比探究式学习方法更具有关键意义的是独立思考、质疑探究的良好习惯,特别是发展探究式学习活动所必备的一系列思维品质,诸如思维的严密性、思维的深刻性和思维的批判性等。

（三）情意要素

情意要素包括人格体系中必不可少的理想精神、道德品质、意志力量等，是"语文素养"的潜隐部分。与其说是言语值得敬畏，不如说是汩汩然潜流于言语之间的生命情韵、烁烁然闪耀在文字丛中的灵魂光彩值得仰慕！学生通过阅读这些光辉四射的文本，心灵受到深刻的浸润，久之，情意要素获得健康发育，生命获得升华与超越，达到"腹有诗书气自华"的境界。教育的终极目标在于"立人"，而语文课程与教学在这方面发挥着尤其突出的功能。正所谓"随风潜入夜，润物细无声"。

 学科课程框架

全面满足学生的语言学习需求

我校课程分为基础性课程和拓展性课程。基础性课程主要培养学生终身发展和适应未来社会所需的共同基础；拓展性课程主要满足学生的个性化学习需求，开发和培育学生的潜能和特长，培养学生的自我认知和自我选择能力。基于此，我校语文学科课程框架为：

一、学科课程结构

依据国家有关方针政策，我校基础性课程主要以国家统编教材为教学媒介，不折不扣执行国家课程标准。拓展性课程则依据我校师生的实际情况以及其他因素的影响，分为阅读品味、口语交际、写作表达、综合实践四大类。

（一）阅读品味

内容为经典名著阅读活动。以"回归本真，品味语言"为路径，旨在反映阅读教学本质,揭示阅读教学规律,引导学生在品读词句、把握结构以及了解文本写作背景等过程中品味语言。

(二) 口语交际

内容为朗诵、演讲等活动。旨在创设真实的情境,通过师生、生生互动交流,实践交际本领,培养学生的口语交际能力。意在通过"润物无声"的生活交际能力锻炼,促使学生具备能说会道、能言善辩的口语交际能力,收获属于自己的言说的快乐。

(三) 写作表达

内容为初中阶段各类文体的写作活动。写作是运用语言文字进行表达和交流的重要方式,是认识世界、认识自我、创造性表述的过程。我们希望通过写作教学,让学生愿写、会写、乐写。

(四) 综合实践

内容为校园外的语文实践活动。通过语文综合实践活动,促进学生养成善于合作、乐于分享、积极进取等良好的个性品质,培养学生收集信息、处理信息的能力和发现问题、解决问题的能力,提升学生对自然、社会、自我的内在的整体认识,促使学生的学习方式发生根本性转变。

二、学科课程设置

常州市第二十四中学语文学科课程设置

	类 别	基础课程	拓 展 课 程			
具体课程	内 容	国家教材内容	阅读品味	口语交际	写作表达	语文综合实践
	七年级 上学期	统版教材七上课本	美文荐读	我的作品我朗诵	微写与微评	东坡行思
	下学期	统版教材七下课本	美文荐读	表达与抒情	微写与微评	红梅公园里的语文课

续　表

类别		基础课程	拓　展　课　程			
内　容		国家教材内容	阅读品味	口语交际	写作表达	语文综合实践
具体课程	八年级 上学期	统版教材八上课本	名著导读	我的作品我朗诵	唐诗宋词素描	茶艺与诗词
	八年级 下学期	统版教材八下课本	名著导读	说明与讲解	唐诗宋词素描	戏剧大舞台
	九年级 上学期	统版教材九上课本	经典诵读：《诗经》选读	"青春追梦"演讲	诗词创作	寻访青果巷
	九年级 下学期	统版教材九下课本	经典诵读：《论语》选读	励志"脱口秀"	24中小记者采访	光影中的文学

 学科课程实施

开展有声有色的语文学习活动

语文学科课程,应创设彰显语文特色的育人环境,本着知识性、实践性、趣味性、地方性的原则,开展有声有色的语文实践活动、校本课程,拓展学生语文学习的新时空,从而培养学生的语文能力,提高学生的语文素养,激发学生学习语文的热情。具体而言:

一、建构"品质课堂",彰显我校语文课堂的主张

建设符合我校语文学科实际的"品质课堂",主要包括基本要求和评价要求两个方面。

（一）"品质课堂"的基本要求

语文品质课堂遵循"学生立场、文体意识、言意共生"三大基本要求。

"学生立场"：要求课堂教学面向学生，以学情为教学的起点和终点，"学生站在课程中央"。具体而言，一是依托课前自学，设置问题导向；二是抓住学生所需，调整教学设计；三是开展合作学习，提高解读能力；四是尊重学生思维，合理解读文本。

"文体意识"：语文教学要以文体特征为依据进行教学，杜绝以同一模式讲解不同文体的教学现象。以学生为主体，以教师为主导，以教学活动为主线，以培养学生能力为核心，形成各种文体的明确教学要求和操作要领。

"言意共生"：语文教学的根本任务就是使学生"理解和运用祖国的语言文字"。"言"是指发展学生的语言表达能力，"意"是指建构学生的人文精神。言语活动的优化，是全面达成教学目标的关键所在，言语能力是骨架，生长着"教育"、"教养"。"言意共生"的语文课堂，必然是文本理解和表达方式理解的双重获得。"言意共生"的语文教学立足于"文本细读"，立足于"读、品、述"的教学实践，立足于语文素养的生长环境。从"言意共生"的角度紧紧抓牢语文教学的缰绳，顺着语文教学本真的"来路"与"去路"，"得意"又"得文"，"生意"又"生文"。

（二）"品质课堂"的评价要求

"品质课堂"的评价要求，主要在合格、良好、优秀三个层级上予以评价。

教会还是学会？——评价是否合格的标准

品质课堂的重要特征，就是培养学生的学习能力。在教师的帮助下，学生通过合作、讨论、探究等自主学习方式学会知识的课堂，才能被评价为合格的品质课堂。因为学生不仅学会了当堂课的知识，更重要的是学会了学习的方法，学会了与同伴合作、交流、探究，这为学生终身学习、自主学习打下了坚实的基础，学生将会受益无穷。

乐学还是苦学？——评价是否良好的标准

"苦学"的课堂，不仅教学效果差，而且长此以往会使学生形成厌学情绪。"乐学"的课堂，才是高品质的课堂。教师想方设法激发学生的学习积极性，让学生对学习行为产生持久的兴趣,保持浓厚的求知欲,享受与人合作、交流和探究的快乐,引导学生以积极向上的态度健康成长。

高效还是低效？——评价是否优秀的标准

优秀的品质课堂,应该是高效的课堂。高效的课堂,要求教师精准把握课程标准,熟知学生情况,精心选取教学内容,分层制订学习目标;高效的课堂尊重学生的个体差异,每个学生都能达成自己的学习目标,都能获得求知的满足,而教师也对每个学生的表现都由衷赞赏。

二、倡导"品质学习",培育良好的语文学习习惯

有品质的语文学习是学生语文素养得以提升的保证。"自主、合作、探究"是高品质学习方式的主要特征,只要是凸显这些特征的学习方式,都应该是高品质语文学习的要求。

"品质学习"的内涵,应该包括勤奋乐学的学习态度、持之以恒的持续力和敏捷高效的思维力。如果学生拥有了以上学习品质,那么就能够在语文学习上立于不败之地。从学的方面来讲,首先就是要养成良好的语文学习习惯;从教的方面来讲,首先就是要重视学法指导。我校"品质语文"教与学,注重从以下几个方面落小落细落实。

（一）十大语文学习习惯

熟读、背诵的习惯;阅读优秀课外读物的习惯;推敲语言文字的习惯;积累语言材料的习惯;记日记的习惯;规范地书写的习惯;专注地听人说话的习惯;说普通话、说话文明得体的习惯;勤思考、爱质疑的习惯;勤查工具书的习惯。

（二）预读课文两步法

粗读——扫除障碍;细读——找问题。

（三）课文背诵六法

线索法;串连法;支点法;欣赏法;图画法;比较法。

（四）课外阅读四法

每日必读；每读必记；广而精；勤思考。

（五）写作十条

写下你的目标；每天定时写作，并设置一个条件去推动你采取行动；向他人作出承诺；专注；寻找你的动力来源；写行动日志；给自己一些奖励；不能有例外；寻找灵感；增添乐趣。

三、注重"在线学习"，促进学习方式的变革

在线学习已经成为一种趋势，具有不受时空限制、快速及时、可重复、个性化、交互协作等特点，借助"在线学习"构建学生语文学习新型方式，有其必要性和重要性。为了能让学生在鲜明的时代特色和网络特色下学习语文，我们主要从以下三个方面探索在线学习。

（一）让平面语文变成立体语文

我们在交互平台的建设上走多元化的道路，通过多媒体技术手段，探索语文学习的新时空。在语文组和信息技术组老师的共同努力下，我们将建设常州市语文课程基地网。网站的建成、上线开通和日常维护，将使语文课程基地建设有"网上家园"，有更广阔的平台和载体，有更高的起点，为学生自主学习和教师专业化发展提供物质化的载体。

（二）构建语文"e学习"课堂

让技术推动学习，让课堂发生变革。结合当前形势和已有的探索，我校将"e学习"在语文课堂上的应用推向纵深，并形成可操作的、符合语文学科特色的、有前瞻性的语文"e学习"课堂教学模式。

（三）开发语文课堂教学微课程

学校将根据语文课程校本化实施方案，提炼学生语文素养的发展元素，形成系列化的专题，再针对相应的专题，开发"微阅读"、"微写作"、"微演讲"、"微剧场"等不同类型的微课程，充实语文教育资源库。

四、推进"品质社团",展示语文学习风采

为了传承我校丰厚的文化底蕴,丰富广大学生的课余生活,提高学生的文学素养,营造健康、高雅、多彩的校园文化,给广大学生提供展示自我风采和相互交流的空间以及创作的园地,使学生在学习中创作,在创作中交流,在交流中成长,我校成立"江南梅"文学社。社团宗旨是:"涵养文气,丰富底蕴,提高素质,促进成长。"

"江南梅"文学社是常州市优秀文学社团,语文课程基地建设将在完善制度,走内涵发展之路的同时,将其建设成为具有"诗词元素"的市级示范文学社团。

五、拓展语文实践,打通语文学习与生活

生活处处有语文,语文的外延和生活的外延一样宽广,从读书作文到日常口语交际,无不是语文能力的体现。所以,要学好语文,必须树立"大语文"观念,不仅要从课本、从名著中学,还得从日常生活中学,把学习语文的触角伸向社会生活的各个角落。

《义务教育语文课程标准(2011年版)》指出:"语文课程是一门学习语言文字运用的综合性和实践性课程。"学校将充分利用地处市中心、文化氛围浓郁这一优势,着力推进语文教学重点实践体验项目,即"品质语文"系列实践活动。该活动将按主题按系列有序推进,如:"红梅公园里的语文课"、"常州名流与语文"、"文笔塔下诵诗歌"、"与大师的足迹叠合"等。

(一)语文教学"生活化"

所谓语文教学"生活化",强调的是教师在传授语文知识和训练语文能力的过程中,自然而然地注入生活内容的"活水",让学生在学习语文的同时学习生活并磨砺人生。

1. 语文讲读"生活化"

我们主张语文讲读"生活化",即课堂语文讲读要面对学生生活实际,寻找课文内容与学生生活的最佳结合点,使语文学习与学生的生活相通,同时又让学生进入作者

的心灵,感受、体悟并提升生活境界。

2. 语文训练"生活化"

这里的训练,既指语文知识的巩固,也指听说读写能力的提高。语言训练"生活化",要求教师的训练着眼于学生的实际,学以致用,而非学以致"考"。所用的训练材料,应尽可能来自生活;即使是教材上的练习,也应尽量挖掘其与学生生活的联系。这样,学生在接受训练时,便会感到掌握知识、培养能力不只是为了应付考试,而是为了更好的生活。

(二) 学生生活"语文化"

所谓学生生活"语文化",强调的是学生在教师的引导下,形成"语文是生活的组成部分,生活须臾离不开语文"的观念,并养成事事、时时、处处吸收与运用语文知识,在生活中培养语文能力的好习惯。

1. 日常生活"语文化"

这实际上就是让学生逐步具备一种在日常生活中情不自禁运用语文的"本能"。为此,学生不但要认真阅读课文,而且应习惯于课外博览,并把这种"阅读"化为人生的一部分;不但要认真地写好每一篇作文,而且应习惯于写信、写日记、写随笔——不是为了应付教师检查打分,而是为了渐臻"我手写我心"的境界。

2. 校园生活"语文化"

校园处处有语文,言语诗意巧相映。语文学习应充分利用校园的人文、历史、自然、课堂等得天独厚的积淀,为学生创造润物无声的语文学习氛围,如:班委选举,让学生先写自荐书或上台讲演;每堂课安排一位学生进行"一分钟讲演",评论班级生活;班干部在黑板上写通知,让全班同学看看有无错字、病句;要开新年联欢会了,让学生写《我设计的联欢会》的说明书……校园生活"语文化"可谓一举多得。

(三) 社会生活"语文化"

作为语文教师,理所当然应结合语文教学培养学生的社会责任感和社会参与能力。"社会生活'语文化'"就是要求学生在社会生活的广阔天地中,自觉运用语文这个生活的工具、人生的武器"指点江山,激扬文字",为社会尽一份公民的责任。

生活是语文学习的大舞台,既是语文学习的源泉,又是语文能力得到提高的土壤。语文教学要紧密联系生活,将学校课堂教学与学生的生活体验结合起来,努力将教学活动延伸到学生生活的整个空间中去,让学生在生活中学语文,然后更好地为生活服务。

六、完善语文学习硬件设施,为语文学习提供支持

在现有图书馆、阅览室的基础上,专设名著阅读吧、"江南梅"文学社、学习成果展示室以及电子阅览室等,在课程基地开列"常州二十四中 50 本学生必读书目",每个班级配备图书角。学生漫步大师丛林,与名著共处一隅,"阅读像呼吸一样自然",并最终成为一个善于思考、精神世界丰富的人。

建设语文文化墙,结合学校实际,拟开辟中外文学长廊、书法作品墙、"转角遇到你"等,努力做到"每一个文字都有流动的思想",在每一个"看见"的瞬间,都感受到"美"的浸润。此外,优化张贴的各种宣传标语的内容和形式,使之具有典雅气息,努力做到在校园的每个角落都能嗅到语言文字的芬芳,激发心灵对心灵的对话、感召。

七、开展语文节,体验语文学习的快乐

根据我校实际,每一学年设立一个语文活动节日。在坚持每天一节阅读课的基础上,扎实开展语文读书节、朗诵会、"小小百家讲坛"等活动:七年级重点开展经典诵读活动,八年级开展课本剧表演活动,围绕主题,形成系列。将"读、写、评、比"相结合,营造浓厚的语文学习氛围,让世界上最美妙的朗朗书声回荡在二十四中校园上空,润泽每一个孩子的内心。

(执笔人:梁增红、陈怡、刘霞、蔡洪钧、潘文超)

第二章　定性把握与定量刻画世界图景

数学是人们对客观世界的定性把握与定量刻画，是逐渐抽象概括、形成理论和方法的过程。"魅力数学"把育人为本作为学校数学教育的根本要求，关心每个学生，促进每个学生主动地、生动活泼地发展，尊重教育规律和学生身心发展规律，为每个学生提供适合的数学教育。

⊕　学科课程哲学
　　回归生命，回归生活的课程

⊕　学科课程目标
　　扎根"四基"，着眼素养的课程

⊕　学科课程框架
　　落实素养，发展延伸的课程

⊕　学科课程实施
　　激发兴趣，活动体验的课程

学科课程哲学

回归生命，回归生活的课程

一、学科性质

《义务教育数学课程标准(2011年版)》指出："数学是人们对客观世界定性把握和定量刻画、逐渐抽象概括、形成方法和理论，并进行广泛应用的过程。""数学可以帮助人们更好地探求客观世界的规律，并对现代社会中大量纷繁复杂的信息作出恰当的选择与判断，同时为人们交流信息提供了一种有效、简捷的手段。数学作为一种普遍适用的技术，有助于人们收集、整理、描述信息，建立数学模型，进而解决问题，直接为社会创造价值。"

"初中数学课程是培养公民素质的基础课程，具有基础性、普及性和发展性"，其基本出发点是促进学生全面、持续、和谐的发展。它不仅要考虑数学自身的特点，更应遵循学生学习数学的心理规律，强调从学生已有的生活经验出发，让学生亲身经历将实际问题抽象成数学模型并进行解释与应用的过程，进而使学生理解数学知识的同时，在思维能力、情感态度与价值观等多方面得到进步和发展。

数学课程这一基本出发点立足于特定年龄阶段下的学生发展——初中数学应当为所有适龄儿童提供最为基本的、能促进学生继续发展的数学教育。但事实上，在一定范围内，初中数学课程已经被导入应试升学的轨道，突出体现在数学考试的竞争性、区分性和筛选性，给学生发展带来诸多不利影响。因此，强调初中数学课程的基本出发点就是为我校初中数学教育"正本清源"。

二、学科理念

《课程标准》指出："初中数学课程要面向全体学生，适应学生个性发展的需要，使得人人都能获得良好的数学教育，不同的人在数学上得到不同的发展。"我校秉持"魅力数学"的数学学科理念，把育人为本作为学校数学教育的根本要求，关心每个学生，促进每个学生主动地、生动活泼地发展，尊重教育规律和学生身心发展规律，为每个学生提供适合的数学教育。

下面拟从两个方面阐述我校数学学科理念。

（一）"魅力数学"是回归生命的数学

"人人都能获得良好的数学教育"，主体是"人人"，指学习数学课程的所有人，而不仅仅指少数人。它表明，初中数学教育不是精英教育而是大众教育，不是物竞天择、适者生存的教育，而是人人受益、人人成长的教育。"良好的数学教育"，落脚点是教育而不是数学。它表明，我们的数学课程观的核心理念是超越学科逻辑自身而在教学育人上所作出的一种价值判断和价值追求。我们这样认为：适合学生发展的数学教育就是良好的数学教育。生命是不同的，是有差异的。初中数学教育不仅要面向全体学生，而且要适应学生个性发展的需要，既要关注"人人"，也要关注"不同的人"，既要促使全体学生数学基本质量标准的达成，也要为不同学生的多样性发展提供空间。"不同的人在数学上得到不同的发展"，体现了数学教育对人的主体性地位的尊重；"不同的人在数学上得到不同的发展"，提醒教师需要正视学生的差异，尊重学生的个性，促成发展的多样性；"不同的人在数学上得到不同的发展"，本质上应促进学生更好地自主发展。"魅力数学"，让课堂充满生命活力。

（二）"魅力数学"是回归生活的数学

新《课程标准》强调数学的学习不能把学生与其生活割裂开来，而应成为使学生与其生活有机融合的有效途径。数学来源于生活，也必须扎根于生活，并且应用于生活。

新《课程标准》倡导数学教育应该从生活出发,从周围事物的具体形象中获得感知,使学生真正认识数学知识,学习数学知识,使学生的思维能力得到发展。魅力数学与生活紧密联系,教师创造条件让学生体会数学来源于生活又应用于生活的特点,让学生切实感受到生活中处处有数学,引导学生把数学课堂中所学的知识和方法应用于生活实际之中。"魅力数学"在教学内容上超越知识体系,回归数学生活,注重生活实践;在实际教学过程中增设"实践活动",注重培养学生学数学、用数学的能力。"魅力数学"关注学生的世界和生活方式,从学生已有的生活经验出发,唤醒人的生命意识,启迪人的精神世界,真正让数学知识生活化。

总之,"魅力数学"架设数学与生活的桥梁,将课堂与生活紧密联系起来,体现数学来源于生活、扎根于生活、应用于生活的课程性质,引导学生把数学知识应用到生活实践中,去体验、感受生活中的数学,达到数学与生活融于一体的境界。

 学科课程目标 ————————————————————————

扎根"四基",着眼素养的课程

依据《课程标准》,确定我校数学课程的总目标是:通过初中数学学习,学生能充分发展数学"四基",增强数学能力,培养科学态度,即获得适应社会生活和进一步发展所必需的数学基础知识、基本技能、基本思想、基本活动经验;体会数学知识之间、数学与其他学科之间、数学与生活之间的联系,运用数学的思维方式进行思考,增强发现和提出问题的能力、分析和解决问题的能力;了解数学的价值,提高学习数学的兴趣,增强学好数学的信心,养成良好的学习习惯,具有初步的创新意识和实事求是的科学态度。这一总目标可以从以下四个方面具体阐述:

一、知识技能

第一,经历数与代数的抽象、运算与建模等过程,掌握数与代数的基础知识和基本技能。

第二,经历图形的抽象、分类、性质探讨、运动、位置确定等过程,掌握图形与几何的基础知识和基本技能。

第三,经历在实际问题中收集和处理数据、利用数据分析问题、获取信息的过程,掌握统计与概率的基础知识和基本技能。

第四,参与综合实践活动,积累综合运用数学知识、技能和方法等解决简单问题的数学活动经验。

二、数学思考

第一,建立数感、符号意识和空间观念,初步形成几何直观和运算能力,发展形象思维与抽象思维。

第二,体会统计方法的意义,发展数据分析观念,感受随机现象。

第三,在参与观察、实验、猜想、证明、综合实践等数学活动中,发展合情推理和演绎推理能力,清晰地表达自己的想法。

第四,学会独立思考,体会数学的基本思想和思维方式。

三、问题解决

第一,初步学会从数学的角度发现问题和提出问题,综合运用数学知识解决简单的实际问题,增强应用意识,提高实践能力。

第二,获得分析问题和解决问题的一些基本方法,体验解决问题方法的多样性,发展创新意识。

第三,学会与他人合作交流。

第四,初步形成评价与反思的意识。

四、学科情感

第一,积极参与数学活动,对数学有好奇心和求知欲。

第二,在数学学习过程中,体验获得成功的乐趣,锻炼克服困难的意志,建立自信心。

第三,体会数学的特点,了解数学的价值。

第四,养成认真勤奋、独立思考、合作交流、反思质疑等学习习惯,形成实事求是的科学态度。

总之,我校将秉承"魅力数学"的数学学科理念,围绕数学课程总目标和四个方面的具体目标,发展学生的数学抽象、逻辑推理、数学建模、数学运算、直观想象、数据分析等六大数学学科核心素养,培养具有扎实"四基"、较强能力、科学态度的学生。

 学科课程框架

落实素养,发展延伸的课程

我校数学学科课程框架依托于学校"雅慧课程"体系的总体框架,设立了学科核心课程与学科延伸课程相统一的"魅力数学"课程体系。

一、"魅力数学"课程结构

根据初中数学学科课程标准、初中数学学科核心素养、初中学生身心发展特点以及我校学生特质,我校的"魅力数学"学科课程分为学科核心课程和学科延伸课程两大类。

(一)学科核心课程

学科核心课程,是为了满足所有学生的共同数学需求,是学生发展所需要的基础性数学课程,主要以苏科版初中数学统编教材为教学媒介,不折不扣执行国家课程。国家课程结构如下:

初中阶段国家课程按内容分为四个部分:"数与代数"、"图形与几何"、"统计与概率"、"综合与实践",共 32 章。

"数学与我们同行"这一章,相当于"绪言"。

"数与代数"部分共 15 章(包括"锐角三角函数"),其中有 7 章安排在七年级,6 章安排在八年级,2 章安排在九年级。把"代数式—方程—不等式—函数"的 9 章作为这部分课程的主干,注重这个"知识链"发生发展的过程及内在的联系,引导学生在学习相关基础知识和基本技能的同时,感悟基本数学思想。

"图形与几何"部分共 11 章,教科书"从生活到数学"、"从三维到二维"、"从整体到局部"由浅入深地展开课程内容;自始至终注重发展学生的合情推理能力,同时从实际出发有层次地逐步发展学生的演绎推理能力,并适当地引导学生运用图形运动的方法研究图形的性质。

"统计与概率"部分共 5 章,相对集中地编排在了 4~6 册教科书中,注重展示统计的全过程;注重统计与概率的内在联系;注重体现统计与概率在解决实际问题中的应用价值。

"综合与实践"是课程的重要组成部分,教科书为加强这部分内容,各章编排了"数学活动",引导学生运用本章的知识解决一些简单的问题;每册编排了"课题学习",引导学生运用本册的知识解决有关的实际问题。

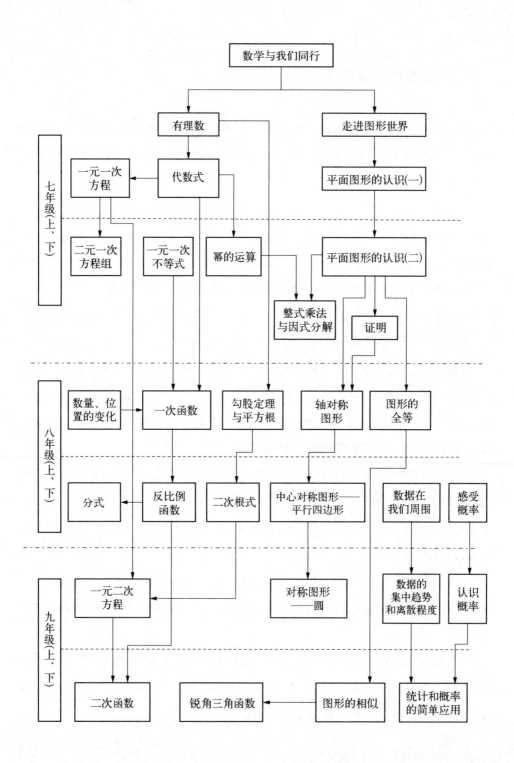

（二）学科延伸课程

学科延伸课程是从提高学生的数学兴趣、数学素养和从数学方法论的意义上，提供教师指导下的自我学习课程，以供数学爱好者和学有余力的学生选学。基于我校教师、学生的实际情况，综合考虑其他因素的影响，将学科延伸课程分为人文数学、生活数学、活动数学三大类。具体如下：

人文数学——将数学家的故事有机融入数学学习的过程中，激励学生向数学家们学习，学习他们认真求知、不倦探索的精神，学习他们不为名利、默默专注于研究的态度，努力实现《课程标准》所倡导的"培养学生热爱数学的情感、态度、价值观"。

生活数学——将数学学习与生活紧密结合起来，摒除以往数学"去生活化、去情境化"的弊端，既有利于解决数学学习过程中从具体到抽象的问题，也有助于培养学生关注生活数学、学以致用的习惯。

活动数学——在每一个单元的学习之后均创设一个数学活动的情境，让学生在活动中自觉运用数学知识、数学技能解决社会生活中的具体问题，学以致用，以便学生更好地巩固数学知识、数学技能。

二、"魅力数学"课程设置

我校数学课程设置的二维方向分别为：按时间顺序——七年级、八年级、九年级；按课程类别——学科核心课程、学科延伸课程。"魅力数学"课程设置如下表：

		学科核心课程	学科延伸课程		
		国家课程	人文数学	生活数学	活动数学
七年级	第一学期	苏科版数学七年级（上册）	数学史选讲数学文化节	魅力整数	数学实验
	第二学期	苏科版数学七年级（下册）	数学史选讲数学文化节	安全与密码	数学实验

续　表

		学科核心课程	学科延伸课程		
		国家课程	人文数学	生活数学	活动数学
八年级	第一学期	苏科版数学 八年级（上册）	数学史选讲 数学文化节	实用速算	数学实验 几何画板
	第二学期	苏科版数学 八年级（下册）	数学史选讲 数学文化节	风险与决策	数学实验 几何画板
九年级	第一学期	苏科版数学 九年级（上册）	数学史选讲 数学文化节		数学实验 自主招生拓展
	第二学期	苏科版数学 九年级（下册）	数学史选讲 数学文化节		数学实验 自主招生拓展

 学科课程实施

激发兴趣，活动体验的课程

数学学科课程，应创设彰显数学特色的育人环境，本着知识性、实践性、趣味性的原则，开展有声有色的数学实践活动，拓展学生数学学习的新时空，从而培养学生的数学学习能力，提升学生的数学核心素养。具体而言：

一、建构"魅力课堂"，推进学科核心课程

建设符合我校数学学科实际的"魅力课堂"，主要包括基本要求和评价要求两个方面。

（一）"魅力课堂"的基本要求

魅力，就是对人的吸引力。文章有魅力，别人就愿意多读；人有魅力，别人就愿意

与之交往。课堂若有魅力,学生就会主动地学,积极地学,课堂也会因此焕发生命的活力。打造魅力课堂需要我们张扬语言魅力。教师应根据不同的需要和不同的情境,组织恰当的语言内容,去打动学生的头脑和心灵。打造魅力课堂需要我们认真推敲。充满魅力的课堂必定离不开精彩的细节,在细节上下功夫,用细节的美、细节的魅力激发学生向学的热情。打造魅力课堂需要我们为学生营造宽松愉悦的学习环境,把更多的时间还给学生,把更多的课堂表现机会还给学生,让学生成为课堂的主人,让学生在探索中享受成功。打造魅力课堂需要我们善于鼓励和表扬,设法解除学生的思想包袱,让学生敢于尝试,在积极互动中,打造精彩的动态生成,只有这样,我们才能真正让课堂焕发生命的活力。

为了构建上述"魅力课堂",我校拟从四个方面展开。

首先,加强对课程标准的深入研究,细化数学学科课程标准,实现三个年级知识和技能、过程与方法、情感态度与价值观的协调统一。

其次,加强对课堂教学的深入研究,研究学生的实际学习状态,研究教学过程的活化策略,研究课程目标的达成度,倡导"有效教学"、"有效学习",进一步提升教师的教学专业水平和学生的学习能力、习惯、品质。

再次,加强对构建作业体系的深入研究,依据学科课程标准以及学生实际,设计符合学生实际的作业,并形成体系,注重分层、有效。

最后,在课程建设过程中强化现代信息技术和教学内容的整合,关注学科间的综合,重视科学思想和科学方法的教育,重视科学、技术与社会的教育;强化师资培训、教学媒体、教学设施和训练等的配套性。

(二)"魅力课堂"的评价要求

评价的主要目的是全面了解学生数学学习的过程和结果,激励学生学习和改进教师教学。评价应以课程目标和内容标准为依据,体现数学课程的基本理念,全面评价学生在知识技能、数学思考、问题解决和学科情感等方面的表现。

评价不仅要关注学生的学习结果,更要关注学生在学习过程中的发展和变化。应采用多样化的评价方式,恰当呈现并合理利用评价结果,发挥评价的激励作用,保护学生的自尊心和自信心。通过评价得到的信息,可以了解学生数学学习达到的水平和存在的问题,帮助教师进行总结与反思,调整和改进教学内容和教学过程。

1. 基础知识和基本技能的评价

对基础知识和基本技能的评价,应以课程标准的具体目标和要求为标准,考查学生对基础知识和基本技能的理解和掌握程度,以及在学习基础知识与基本技能过程中的表现。在对学生学习结果进行评价时,应该准确地把握"了解、理解、掌握、应用"不同层次的要求。在对学生学习过程进行评价时,应依据"经历、体验、探索"不同层次的要求,采取灵活多样的方法,定性与定量相结合、以定性评价为主。

2. 数学思考和问题解决的评价

数学思考和问题解决的评价要依据课程目标和七、八、九各年级段目标的要求,体现在整个数学学习过程中。对数学思考和问题解决的评价应当采用多种形式和方法,特别要重视在平时的教学过程和具体的问题情境中进行评价。

3. 学科情感的评价

学科情感的评价应依据课程目标的要求,采用适当的方法进行,主要方式有课堂观察、活动记录、课后访谈等。情感态度评价主要在平时的教学过程中进行,注重考查和记录学生在不同阶段情感态度的状况和发生的变化。例如,可以制作下面的评价表,记录、整理和分析学生参与数学活动的情况。这样的评价表每个学期至少记录 1次,教师可以根据实际需要自行设计或调整评价的具体内容。

参与数学活动情况的评价表

学生姓名:　　　　时间:　　　　活动内容:

评 价 内 容	主　要　表　现
参与活动	
思考问题	
与他人合作	
表达与交流	

4. 学习过程的评价

学生在数学学习过程中,知识技能、数学思考、问题解决和学科情感等方面的表现不是孤立的,这些方面的发展综合体现在数学学习过程之中。在评价学生每一个方面表现的同时,要注重对学生学习过程的整体评价,分析学生在不同阶段的发展变化。评价时应注意观察、记录和分析学生在不同时期的学习表现和学业成就。

课 堂 观 察 表

上课时间: 科目: 内容:

项目＼学生	王涛	李明	陈虎					
课堂参与								
提出或回答问题								
合作与交流								
课堂练习								
知识技能的掌握								
独立思考								
其 他								

注:记录时,可以用3表示优,2表示良,1表示一般,等等。

5. 评价主体多元化和评价方式多样化

评价主体多元化是指教师、家长、同学及学生本人都可以作为评价者,综合运用教师评价、家长评价、学生相互评价、学生自我评价等方式,对学生的学习情况和教师的教学情况进行全面的考查。

例如,每一个学习单元结束时,教师可以要求学生自我设计一个“学习小结”,用合适的形式(表、图、卡片、电子文本等)归纳学到的知识和方法、学习中的收获、遇到的问题,等等。教师可以通过学习小结对学生的学习情况进行评价,也可以组织学生将自己的学习小结在班级展示交流,通过这种形式总结自己的进步,反思自己的不足,汲取他人值得借鉴的经验。条件允许时,可以请家长参与评价。

评价方式多样化体现在多种评价方法的运用,包括书面测验、口头测验、开放式问题、活动报告、课堂观察、课后访谈、课内外作业、成长记录等。在条件允许的情况下,也可以采用网上交流的方式进行评价。每种评价方式都具有各自的特点,教师应结合学习内容及学生的学习特点,选择适当的评价方式。例如,可以通过课堂观察了解学生的学习过程与学习态度,从作业中了解学生基础知识与基本技能的掌握情况,从探究活动中了解学生独立思考的习惯和合作交流的意识,从成长记录中了解学生的发展变化。

6. 合理设计与实施书面测验评价

书面测验是考查学生课程目标达成状况的重要方式,合理地设计和实施书面测验有助于全面考查学生的数学学业成就,及时反馈教学成效,不断提高教学质量。

对于学生基础知识和基本技能达成情况的评价,必须准确把握内容标准中的要求。例如,对于一元二次方程根与系数关系的考查,内容标准中的要求是"了解",并不要求应用这个关系解决其他问题,设计测试题目时应符合这个要求。内容标准中的选学内容,不得列入考查(考试)范围。对基础知识和基本技能的考查,要注重考查学生对其中所蕴涵的数学本质的理解,考查学生能否在具体情境中合理应用。因此,在设计试题时,应淡化特殊的解题技巧,不出偏题怪题。

在设计试题时,应该关注并且体现内容标准的设计思路中提出的几个核心词:数感、符号意识、空间观念、几何直观、数据分析观念、运算能力、推理能力、模型思想以及应用意识和创新意识。

根据评价的目的合理地设计试题的类型,有效地发挥各种类型题目的功能。例如,为考查学生从具体情境中获取信息的能力,可以设计阅读分析的问题;为考查学生的探究能力,可以设计探索规律的问题;为考查学生解决问题的能力,可以设计具有实际背景的问题;为了考查学生的创造能力,可以设计开放性问题。

在书面测验中,积极探索可以考查学生学习过程的试题,了解学生的学习过程。

二、建设"魅力学科"，推进学科延伸课程

（一）"魅力学科"的建设路径

努力建设"1＋X"学科课程群。"1＋X"即：1 个核心课程（国家课程体系）＋若干延伸课程（包括人文数学、生活数学、活动数学等），具体结构见本章第三部分"学科课程框架"。

（二）"魅力学科"的评价要求

数学学科延伸课程所针对的学生已经积累了一定的数学知识和学习经验，因此不能单纯地以知识点的掌握程度来评价一个学生。要让学生终身受益，就要使他们获得思想方法的指导和思维品质的提升，养成一种科学精神及态度。要以发展的眼光，综合评价学生。

教师应坚持发展性评价，发挥评价的激励作用。评价不仅要关注学生的学习结果，更要关注学生在学习过程中的发展和变化，发挥评价的激励作用，保护学生的自尊心和自信心。评价结果的呈现（成绩评定），可以采用描述性评价和等级评价相结合的方式，如平时成绩占 40％，期终考查成绩占 60％，评价结果采用 A、B、C、D 等级制形式。描述性评价可以从学习态度、合作意识、课堂交流、问题解决等四个方面进行综合评价。等级评价可以采用单元考查或期末考查的形式，考查方式包括书面测验、口试、检查作业质量、撰写活动报告等。

三、建设"魅力社团"，推进兴趣爱好课程

（一）"魅力社团"的基本类型

七年级：人文数学社

以数学知识为载体，展示数学丰富的人文内涵，以数学思想、数学精神为主线，以数学人物、数学故事、数学问题、数学史、数学之谜为题材，用生动而不失深度的叙述把

学生带入数学与人文交相辉映的学习之中。

八年级：生活数学社

将数学与学生的生活、学习联系起来，向学生展示有活力的、活生生的数学，努力激发学生的学习兴趣，把枯燥的数学变得有趣、生动、易于理解，让学生活学活用，从而培养学生的创造精神与实践能力。

（二）"魅力社团"的评价要求

建设"魅力社团"的目的，一是培养学生学习数学的兴趣。通过各种活动，提高学生的兴趣，比如动手操作、实地考察、亲自测量……让学生真正体会数学来源于生活，变被动学习为主动学习。二是扩展学生的知识面。通过社团活动输入更多相关知识，让学生在汲取数学知识的同时丰富其他各科的功底，拓展知识面。三是增加实践的机会。"魅力社团"不仅有理论学习而且还设置了实践活动，给学生动手的机会，使他们认识到数学并不仅仅只能用在"无聊"的计算上，而更多的是"从生活中来，到生活中去"，使他们意识到学习数学的好处，增加他们的学习兴趣。

对数学"魅力社团"兴趣小组活动课的考核应体现在参与性、动手性、完成情况以及完成的优劣等方面。多方面的考核可以让学生了解活动课的重要性，从而使活动课成为提高学生整体素质的重要学科课程组成部分。具体考核方式包括：（1）出勤情况；（2）活动情况；（3）活动的准备、进行以及作业的完成情况；（4）组织纪律与团队协作精神；（5）活动的最终成果情况；（6）活动报告的完成情况；（7）成绩可分为优、良、及格和不及格四等。

四、创设"魅力数学节"，推进数学活动课程

数学是学好科学的基础与工具，它是启迪智慧、开发智力、培养创新意识和提高实践能力的重要学科之一。通过丰富多彩的校园数学节活动，搭建数学文化平台，展示数学文化魅力，在生动、活泼、实践的数学活动中，让数学远离枯燥，让数学焕发光彩。数学节的设立，既继承和发扬了传统教育的优势，也顺应了教改的要求，丰富了课本内

容,为教学活动拓宽视野,是素质教育的具体体现。让学生从繁重的题海战役中解脱出来,投身到丰富多彩、兴趣盎然的活动实践中去,在实践中学习,在学习中探索和创新,在学习与实践中不断成长,从而把学生培养成德、智、体、美、劳全面发展和具有开拓、进取和创新精神的人才,正是我们教育的目的所在。

(一)"魅力数学节"的活动架构

"魅力数学节"以"数学故事演讲"、"我是小小设计师"、"数学智力擂台赛"、"数学小论文"等活动为载体,给学生提供一个多途径、多方法、多角度了解数学的舞台,让学生充分感受数学的魅力,享受数学学习的乐趣,让学生体验"学数学,其乐无穷;用数学,无处不在;爱数学,受益终身",让大家感悟数学之美,用数学眼光观察世界,用数学思维认识世界。引导学生在活动中感受数学与生活的自然融合,体验数学的文化魅力,让学生在活动中提升思维,在挑战中享受快乐。

(二)"魅力数学节"的活动评价

每个学期利用一周时间开展数学节活动,每个比赛项目设立不同奖项。通过开展数学节活动,弘扬数学文化,激发学生爱数学、学数学的兴趣,让学生感受到生活中处处有数学,学会用数学的眼光去关心社会,去获取和发现新的知识,培养学生的观察力、空间想象力、动手操作能力及创造能力。开展数学节活动,有利于促进教师思考课改过程中如何开展数学教学与活动,如何提高课堂教学的有效性,如何培养学生的数学素养及能力,促进学生自主展示数学才能。

(执笔人:吴敏浚　殷爱梅)

第三章　赋予学习者生动的语言感知

席勒说:"思考是我无限的国度,言语是我有翅的道具。"赋予学习者生动的语言感知,让孩子们感受多彩的文化魅力,获得多样的英语学习体验;在培养学生语言技能运用的同时,提升学生的文化对话能力,是"活力英语"的诉求。我们期望,用充满活力的英语课程,培养有人文情怀的英语学习者。

◆ 学科课程哲学
　　活跃的英语学习体验

◆ 学科课程目标
　　用鲜活的语言丰富思想

◆ 学科课程框架
　　多角度满足语言发展需求

◆ 学科课程实施
　　用自己喜欢的方式表达自己

常州市第二十四中学英语组,现有教师 19 人,其中高级教师 10 人,一级教师 8 人,二级教师 1 人。其中常州市学科带头人 1 名,常州市教学能手 1 名,常州市教坛新秀 2 名。常州市第二十四中学英语教研组,秉持"用充满活力的英语课堂,培养有文化视野的英语学习者"的课程理念,按照学校制订的"雅慧"课程计划,充分发挥团队合力。教研组积极筹备各种主题性强的课内外活动,认真开展校内各层级的英语教研活动,积极参加常州市教科院组织的各项教科研活动,获得不少心得。平时,大家以备课组为单位开展听课、说课、磨课、评课等活动,以教研组为单位进行"活力英语课堂"的研究,带动教育集团的教研组共同发展。英语教研组的教师们初步形成有个性、有章法、有视野的教学风格,课堂教学深受学生喜爱。

 学科课程哲学

活跃的英语学习体验

一、学科价值观

《义务教育英语课程标准（2011 年版）》包括了小学和初中阶段的内容，相比较之前的课程标准，更清晰地阐述了英语课程的目的："在发展学生综合语言运用能力的过程中，培养学生良好的道德品质和社会适应能力，提升整体国民素质，促进科技创新和跨文化人才的培养。"也就是说英语课程不再是单纯的工具性课程，而是具有工具性和人文性双重性质的课程。

基于这种认识，我们认为英语课程的核心价值主要体现在培养学生语言技能运用的基础上，提升学生的文化对话能力。因此，我们以"提升学生人文素养"为课程开发的依据，以打造"有活力的英语课堂"为平台，促进学生文化视野的提升。

二、学科理念

根据《义务教育英语课程标准（2011 年修订版）》的文件精神，结合我校英语学科实际情况，提出我校英语学科的核心理念："活力英语"，我们期望用充满活力的英语课堂，培养有人文素养的英语学习者。所谓"活力英语"，就是有生动的语言感知、多彩的文化魅力和多种形式的英语学习体验过程。

首先，英语学习不再拘泥于提高学生的综合语言运用能力，还承担着提高学

生综合人文素养、提升文化品格、开拓国际视野等任务。英语是全世界应用最广泛的语言,充当着信息时代的首要载体。信息的大爆炸使得孩子们有更直接的语言感知和文化体验,充满活力的英语学习会为他们与世界的沟通交流打下良好的基础。

其次,英语学习有助于发展和完善学生的思维品质。有活力的英语学习可以培养学生的自主学习意识和思维转换能力,因为它需要学生主动从一些线索中发现和揭示其中的内在联系,形成智慧型的自主学习活动。

再次,活跃的英语学习可以使学生在中国文化和外国文化的双向沟通与交流中,养成更加多元的文化素养与尊重各国文化的意识和态度。通过英语学习的听(listening)、说(speaking)、读(reading)、写(writing)、看(viewing)等学习方式,学生可以接触到英语语言国家的文化、历史、地理、科技、政治、礼仪和习俗风貌。面对这些语言学习材料,学生需要一种平等开放的意识,自觉判断,选择适合自己的学习方式来汲取。

我们英语教研组提出"活力英语"的学科理念,具体而言:一是挖掘英语学习资源的多种渠道,贴近学生语言思维能力的"最近发展区"。开发扎实有效地培养学生英语能力的课程资源,构建注重学生体验的、开放式的、动态的课堂,以促进学生首先"立兴趣",握住英语技能的开门砖,全面接触鲜活的英语学习资源。二是提升学生对不同文化的品味能力,咀嚼英语的特殊魅力,感受不同文化的内涵。语言学习的最终目的就是陶冶人的情操,感受人的灵魂,捕捉美的场景。活力英语课程就是要给学生提供贴近生活、贴近时代的语言感知,对他们进行精神哺育,让他们徜徉于英语语言文字中,用心灵去体验、用思想去感悟、用言语去表达,逐渐培养个性化的文化品位和独特的国际视野。

 学科课程目标

用鲜活的语言丰富思想

《义务教育英语课程标准(2011年修订版)》指出,通过英语学习使学生形成初步的综合语言运用能力,促进心智发展,提高综合人文素养。综合语言运用能力的形成,建立在语言技能、语言知识、情感态度、学习策略和文化意识等方面整体发展的基础之上。以语言技能、语言知识、情感态度、学习策略和文化意识等五个方面共同构成的英语课程总目标,既体现了英语学习的工具性,也体现了其人文性;既有利于学生发展语言运用能力,又有利于学生发展思维能力,从而全面提高学生的综合人文素养。

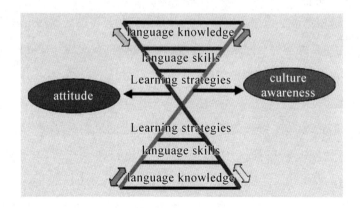

我校英语课程目标体系分为显性课程目标和隐性课程目标。英语显性课程目标包括英语基础知识、阅读、听力和口语、写作等四部分,英语隐性课程目标则包括审美能力、文化探究能力和情意要素。

一、英语显性课程目标

（一）英语基础知识

英语基础知识主要指词汇、句型和语法，它是阅读和写作的基础，是英语学习者形成英语学习能力的教学重点，也是贯串整个义务教育阶段的重要教学内容。对于词汇教学，教师要学会情境教学的导入法，让学生能结合单词发音在课堂上解决单词记忆的第一步——拼读。同时，教师需要进行有效的词汇运用巩固练习，通过句子来帮助学生形成"词—句—篇章"的思维转换。为了保证阅读的词汇量，初中阶段要求学生掌握 2 500—3 000 个词汇。这些词汇中有四会单词、三会单词等不同分级的词汇标准。

句型教学同样需要在教师创设的情境下，结合上下文理解，并在教师的指导下随堂练习，做到有效反复，举一反三。句型是语言表达的框架，也是构建语言基本思想的要素。学生在句型学习的过程中可能有较大的提升，也可能有较大的分化，所以学生对鲜活语言的感知非常重要，直接影响其语感的形成。

语法教学应根据语法运用的实际需要，从所遇到的具体语言实例出发进行指导和点拨，目的是为了帮助学生更好地形成英语语言思维模块，形成一定的语言应用能力和良好的语感以及对知识系统的架构。

（二）阅读

阅读是人们获取信息、处理信息、分析和解决问题的最主要途径。人的 70% 以上的知识都是通过阅读获得的。"阅读使人充实，讨论使人机智，写作使人严谨。"(Reading makes a full man; conference makes a ready man; and writing makes an exact man.)虽然阅读是学生的个性化行为，但是非母语阅读相对比较困难，教师在课程教学中应引导学生钻研英语文本，从文字的层面细细品评，加深阅读策略的引导和实践的可操作性，帮助学生加深对文本的理解和对语言的体验，有所感悟和思考。

阅读教学的涉猎面较广。阅读形式多样、阅读材料丰富、阅读策略的针对性实施都要在阅读教学中做到筛选和平衡。例如：英语报刊阅读。英语报刊阅读属于自主性阅读。自主阅读与表达的能力是学生实现个性发展必不可少的基本素质，它不仅能给学生足够的语言"感知"和"体验"，还能给他们足够的信息语言"输入"，以促进他们的语言知识的巩固和学习，更能实实在在地给他们以英语学习的成就感。教师应加强对学生阅读的指导、引领和点拨，尤其要在对语言的评析上体现对话原则，从文字、文学和文化的角度让学生用心去感受英语语言的魅力。

（三）听力和口语

在教学过程中，我们发现学生在英语听力学习上存在不同程度的困难。很多学生表示很难从英语听力中获取较为全面的信息，以至于会对英语听力产生害怕的情绪。英语口语与英语听力是一对互补技能。如果要提升学生的听力理解能力，就需要指导和训练学生用英语思维的方式来进行口头表达。教师应尽量用英语组织教学，正确使用课堂用语，并要求学生用英语交流，通过这种耳濡目染的环境熏陶，从而养成良好的听、说习惯。教学活动主要应在具体的交际情境中进行，努力选择贴近学习生活的话题，采用灵活的形式组织教学。教师可以给学生推荐一些专业听力的网站，比如普特、沪江、大耳朵等听力网站，其中 VOA（Voice of America）慢速英语、BBC（British Broadcasting Corporation）英语新闻等材料还是比较适合中学生练习英语听力的。此外，重视在英语课堂教学中培养口语交际的能力，鼓励学生在各种英语活动以及日常生活中锻炼口语交际能力。

（四）写作

校本课程的开展无疑给英语教学注入了新鲜的血液，并在英语教学改革中为学生创建了一个五彩缤纷的英语学习平台。培养学生的英语口头、笔头交际能力是整个初中阶段英语教学的目的之一。其中"写"属于较高层次的信息输出系统，是语言输出的重要途径，能比较客观地反映学生多方面的语言运用能力，诸如书面语言表达能力和思维组织能力等。写作教学也是初中英语教学的一个重要组成部分，它应该贯穿英语教学的全过程，始终伴随着词汇、对话、语法、篇章理解等语言知识的教学而展开。写作教学过程中教师要关注学生学习过程中的语言迁移现象。在部分学生的英语写作中,尤其是在基础薄弱的学生的英语写作中,母语的负迁移痕迹是十分明显的,这是他们习惯了用中文思维的结果。

二、英语隐性课程目标

（一）审美能力

一方面,英语课程与教学要引导学生在英语绘本、小说、诗歌等不同形式的文学作品中感受大千世界和美丽人生的多姿多彩,从中积淀丰富的审美体验,陶冶性情,涵养心灵;另一方面,要启发学生深入言语,悉心感受英语的言语形式之美,并在这种渐趋深化的对英语语言形式的感受中进行自主模仿和表达,用闪烁着灵性和智慧的英语言语形式去表达独特的具有审美价值的精神世界,给人带来新的审美情趣。

（二）文化探究能力

英语阅读的过程其实就是一种探究的过程,即学生通过有质量的分级阅读活动去探究作品的价值,逐步形成自己的思想和行为准则,树立积极向上的人生理想。在理解语篇的基础上,提倡多角度、有创意的阅读和写作,利用阅读期待、阅读反思和批判等环节,拓展思维空间,提高语言输出质量,如英语演讲、观点辩论以及撰写书评等形式。就个体生命一生的发展来说,独立思考,形成有深度的思维品质,提升思维的严密性、保证思维的逻辑性和思维的批判性是有活力的语言学习带来的最大收益。

（三）情意要素

情意要素包括人格体系中必不可少的理想精神、道德品质、意志力量等。学生通过阅读经典的文本,体验人物传记中的伟大品格、英语诗歌的韵律和要素、与剧本中的人物角色的情感交流,体会作者及作品中的情感态度,心灵受到深刻的浸润,久之,情意要素获得健康发育,情感要素获得升华与超越,达到"腹有诗书气自华"的境界。

学科课程框架 ——————————————————————————

多角度满足语言发展需求

我校课程分为基础性课程和拓展性课程。基础性课程主要构建学生终身发展和适应未来社会所需的共同基础;拓展性课程主要满足学生的个性化学习需求,开发和培育学生的潜能和特长,培养学生的自我认知和自我选择能力。基于此,我校英语学科课程框架为:

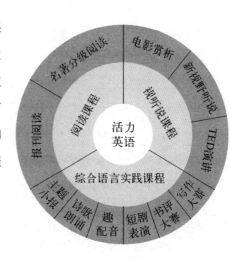

一、学科课程结构

根据初中英语学科的课程标准、初中英语学科核心素养、初中学生的发展特点以及我校学生的语言学习特质,我校的"活力"英语学科课程设置分为基础课程和拓展课程两大类。

基础课程以牛津英语为主体;拓展课程则依据我校师生的实际情况以及其他因素的影响,分为阅读课程、视听说课程和综合语言实践课程三大类。具体如下:

(一)阅读课程

1. 名著分级阅读

内容为经典名著阅读活动。以"回归本真,品味语言"为路径,旨在反映阅读教学本质,揭示阅读教学规律,引导学生在品味原著、把握结构以及了解文本写作背景等过程中品味语言。

2. 报刊阅读

阅读英语报刊,特别是选读一定数量的报刊文章,是学习英语的一个必要而有效的途径。它能帮助阅读者在获取新知、扩大视野的同时迅速扩大词汇量,了解并熟悉各种材料,提高阅读速度。本课程内容以专门面向广大初中学生的英语学习时事周报《21世纪英文报》为依据。《21世纪英文报》设有 Front page,School time,Reading fun,English workshop,Story land 和 News desk 专栏,具有报刊所特有的时效性,同时也具有题材广泛、内容新颖、语言现代、地道实用的特点。它紧跟形事,贴近生活,难易适度,是训练中学生阅读能力的好材料。

教　学　内　容
Introduction and course description
Front page and headline（头版介绍,标题）
Unit 1：Hispanics News English：Feature stories（特写）
Unit 2：Campus Craze News English：Word strategy；Compound words（复合词）
Unit 3：Blogging News English：New words of Internet
Unit 4：China's cars News English：Rhetoric（修辞）
Unit 5：Marriage contract News English：Headline vocabulary
Unit 6：Values News English：Metonym（借代）；Noun attributes（名词定语）

（二）视听说课程

该课程旨在创设英语语言交际的环境,通过师生、生生互动交流,实践交际本领,培养学生的口语表达能力。通过使用多媒体等现代化教学工具,学习和欣赏外国原版情景剧、短剧、电影,增强学生对英语学习的兴趣和对英语文化的了解。同时,以《新视野视听说》为蓝本,进行系统化的训练,使学生能够在真实环境下进行基本的会话交流。英语视听说课程不仅有助于培养学生的英语交际能力,还能够为提高学生的综合素质奠定良好的基础。学生可以通过逻辑思维的训练和对 TED 等经典英语演讲的语言材料的学习、模仿和训练,收获属于自己的言说的快乐。

序 号	课 题	教学时数
一	Preparation for the class	1
二	How's your college life?	3
三	Do you work out?	3
四	Tell me about your friends	3
五	How's the weather to day?	3
六	What your favorite food?	3
七	Being healthy feels great!	3
八	How much does it cost?	3
九	On or off campus?	3
十	Do you surf the Net?	3
十一	Have a nice holiday!	3
十二	Review of the class	1
总 计		32

(三)综合语言实践课程

综合语言实践课程主要是各层各级的学生语言实践活动,包括英语写作大赛、英语主题小报、英语读物推荐书评、英语诗歌朗诵会、英语短剧表演、英语趣配音等不同形式的活动主题。旨在通过这些课程的适当综合,让学生在活动英语的氛围下激发自我的语言学习兴趣和语言表达原动力。

English Practical Activities		Basic Teaching Goals
1. English writing skill training	Part One Manuscript Form	掌握写作文稿的基本规范和要求,包括英语写作中的段落缩进、单词拆分、大小写、标点符号等书写要求。
	Part Two Diction and Figures of Speech	英语写作的措词和修辞格,要求掌握包括明喻、隐喻、拟人、借喻、提喻、委婉语、讽刺、夸张、低调陈述等。
	Part Three Sentences	掌握英语句子的成分、句子类型以及句子的标准。
	Part Four Paragraphs	掌握如何写标准的英语段落,几种不同题材段落的写法以及段落的组织方式。
	Part Five Practical Writing	掌握应用文尤其是便条的分类及要求,包括它们的适用范围。
	Part Six Exposition	掌握文章的篇章结构和写作手段,包括记叙文、描写文、说明文、议论文等的写作。尤其注意三段式文章的写作要领。
2. English plays		了解英语短剧的基本要素、语言特点以及表演要领。
3. English posters		掌握英文海报的基本特点、写作要领、主题性和制作要求。
4. English poem appreciation		在了解和赏析英语诗歌特点的基础上,进行简单的创作。
5. English funny dubbing		熟悉并有感情地选择配音材料,并进行实践性的尝试。
6. Book reviewing		熟悉并用英语撰写简单的读书评论,表达个人观点。

二、学科课程设置

根据英语学科特点和我校实际课程的需要,采用基础课程(国家课程)与拓展课程相结合的模式,拟设定英语课程结构如下:

类别		基础课程	拓展课程		
内容		教材内容	阅读课程	视听说课程	综合语言实践
七年级	上学期	牛津英语 (Oxford English) 7A	21世纪英文报 (Kids)	新视野视听说 (Topic1&2)	英语主题小报 English Posters 活力英语节
	下学期	牛津英语 (Oxford English) 7B	名著分级阅读 《The Wonderful Wizard of Oz》	新视野视听说 (Topic3&4)	英语诗歌朗诵会 English Poems
八年级	上学期	牛津英语 (Oxford English) 8A	21世纪英文报 (Teens)	新视野视听说 (Topic5&6)	英语趣配音 English Dubbing 活力英语节
	下学期	牛津英语 (Oxford English) 8B	名著分级阅读 《The Call of the Wild》	新视野视听说 (Topic7&8)	英语短剧表演 (Short Plays)
九年级	上学期	牛津英语 (Oxford English) 9A	21世纪英文报 (Junior)	新视野视听说 (Topic9&10)	英语书评 (Book Review) 活力英语节
	下学期	牛津英语 (Oxford English) 9B	名著分级阅读 《Through the Looking-Glass》	新视野视听说 (Topic11&12)	英语写作大赛 (Writing Contest)

具体课程

 学科课程实施

用自己喜欢的方式表达自己

如果要建立一个以学生发展为本的、系统而持续渐进的英语课程体系,那么课程体系需要以培养学生的综合语言运用能力为最终目标,并根据语言学习的规律和义务教育阶段学生的发展需求,从五个方面设计整体课程目标和分级目标,即语言技能、语言知识、情感态度、学习策略和文化意识。实施的过程需要通过每节课或每项活动来逐步完成。为此,英语课程从创设"活力课堂"、开展拓展课程、举办"活力社团"等方面进行实施。

一、建构"活力课堂",彰显我校英语课程主张

建设符合我校英语学科实际的"活力课堂",主要包括基本要求和评价要求两个方面。

(一)"活力课堂"的基本要求

英语活力课堂遵循"尊重学生个性、树立技能意识、展示人文情怀"三大基本要求。

"尊重学生个性":要求课堂教学面向学生,以学情为教学的起点和终点,让学生站在课程中央。

"树立技能意识":英语教学要以技能培养为依据进行教学,杜绝模式化教学。以学生为主体,以教师为主导,以教学活动为主线,以学生语言综合能力培养为核心,形成明确的教学要求和操作要领。

"展示人文情怀":英语教学的根本任务就是"开阔视野,体验文化"。"开阔视野"是指发展学生的国际情怀,"体验文化"是指建构学生的人文精神。言语活动的优化,是全面达成教学目标的关键所在,英语阅读课堂,必然是文本理解和表达方式理解的双重获得。立足于"文本细读",立足于"读、品、述"的教学实践,立足于英语阅读素养的生长环境。

落实这 18 个字,需要在教学目标准确、教学目标可操作、教学活动灵活有效、问题设计启迪思维、学生活动自主合作、教学效果评价增值、教学过程评价增值七个方面提出具体指导性意见。

(二)"活力课堂"的评价要求

优秀的"活力课堂",应该是高效的课堂。高效的课堂,要求教师对课程标准的把握是精准的,对学生的情况是熟知于心的,对学生学习内容的确定是精心的,对学习目标的制订是分层、符合不同学生学习能力的;高效的课堂尊重学生的个体差异,每个学生都能达成自己的学习目标,都能获得求知的满足;高效的课堂以课程标准为依据,运

用可操作的科学手段,收集有关课堂教学的信息,为评价者的自我完善和有关部门的决策提供依据。

活力英语课堂教学评价表

学校			姓名		授课时间				
授课内容							量　　　化		得分
评　价　标　准						8	6	4	
教师教学行为表现	教学基本理念	语言功能和结构相结合,以培养学生英语语言能力为目标,突出有效教学。							
		重视学生学习习惯和学习策略的培养。							
		激发学生学习兴趣。							
		尊重关爱学生,面向全体学生。							
		关注学生过去、现在和未来的生活。							
	教学活动设计	提供任务型语言教学的活动场景。							
		教学活动设计强调有效性。							
		教学过程以合作学习为模式,重视师生、生生之间的合作交流。							
		教学活动设计贴近学生的生活实际,强调全体参与。							
		教学活动注重培养学生良好的情感态度、创新精神和价值观。							
		适当地运用信息化教学手段和自制教具。							
	教学目标达成	教材研读到位,重点、难点突出。							
		预设教学目标能有效完成。							
	教师基本技能	有效调控课堂,注重信息反馈。							
		教态亲切自然,教学流程清晰。							
		教学用语准确,口语流畅,板书清晰工整。							
		教学设计有多样性,有创新。							

续　表

授课内容			量　　化			得分
		评　价　标　准	8	6	4	
学生学习过程表现	学习方式	在独立思考的基础上，积极参与小组合作。				
		学习兴趣浓厚，能主动学习，有课堂笔记。				
	目标达成	善于用英语表达交流，语言流利。				
		流畅地在具体语境中使用本课堂的目标语。				
		朗读和回答问题声音响亮。				
总评	等级	优：90 分以上（含 90 分）　良：80 分以上（含 80 分）　合格：60 分以上（含 60 分）　不合格：60 分以下				
改进建议：			总　　分			

二、倡导"活力学习"，培育良好的英语学习习惯

"活力学习"旨在让学生在参与课程的过程中，逐步形成有文化意识的英语学习。这是学生英语素养得以提升的保证。"自主、合作、探究"是高品质学习方式的主要特征，只要是凸显这些特征的学习方式，都应该是英语写作和英语品质学习的要求。"活力学习"的内涵，应该包括积极主动的学习态度、持之以恒的持续力和敏捷高效的思维力。如果学生拥有了以上学习品质，那么就能够在英语学习中立于不败之地。从学的方面来讲，首先就是要养成良好的英语学习习惯，如：熟读、背诵的习惯，阅读优秀课外读物的习惯，推敲语言文字的习惯，积累语言材料的习惯，勤思考爱质疑的习惯和勤查工具书的习惯等。

（一）"活力学习"的实践操作

"活力学习"鼓励学生形成自主合作的学习方式。"活力学习"的理念在于引导学生产生兴趣，利用各种资源进行自助式、选择式的学习，这是一种学习方式的变革，更

具有人文性和工具性的特点。具体可以通过以下方式开展实施：

注重"在线学习"，促进学习方式的变革。在线学习已经成为一种趋势，具有不受时空限制、快速及时、可重复、个性化、交互协作等特点。借助"在线学习"构建学生英语阅读、英语视听学习新型方式，有其必要性和重要性。

让平面英语阅读变成立体英语阅读。我们在交互平台的建设上走多元化道路，通过多媒体技术手段，探索英语阅读学习的新时空。创建更广阔的平台和更高的起点，为学生英语阅读自主学习和教师专业化发展提供物质化的载体。

构建英语视听"e学习"课堂。让技术推动学习，让课堂发生变革。结合当前形势和已有的探索，我校将"e学习"在英语视听课堂上的应用推向纵深，并形成可操作的、符合英语学科特色的、有前瞻性的英语"e学习"课堂教学模式。

（二）"活力学习"的评价要求

"活力学习"的开展过程中，学生会碰到各种各样的问题。能力弱的学生可能会遇到困难产生退缩情绪；能力强的学生也可能会遇到个体发展的瓶颈期。因此，建构一个"活力学习"自我评价体系势在必行，它可以进一步地帮助教师进行指导，帮助学生进行自我反思和探索。

初中学生英语学科综合学习能力评价表

姓名：_____ 时间：_____年___月___日

项目	因　　素	a	b	c	说　　明
情感与态度	1. 课前预习，查阅背景材料				a＝积极；b＝一般；c＝不积极
	2. 举手发言，参与活动				
	3. 认真情况（做作业、讨论、思考）				a＝认真；b＝一般；c＝不认真
	4. 对英语学习的好奇心与求知欲				a＝强；b＝一般；c＝没有
	5. 克服困难的意志与自信心				a＝充分；b＝较充分；c＝不充分
	6. 学习有兴趣，能主动对课堂内外的英语现象进行了解				a＝较深；b＝一般；c＝没有

续　表

项目	因　　素	a	b	c	说　　明
知识与技能	7. 能掌握规定的词汇、句型及语法知识				a=能；b=部分可以；c=不能
	8. 自学语音、语调基本正确，吐字清晰				
	9. 能听录音完成相应的练习				a=能；b=部分可以；c=不能
思维与方法	10. 思维的创造性（独立思考，从不同的角度提出问题，用不同方法解决问题）				a=能；b=一般；c=不能
	11. 解决问题的策略、方法				a=较好；b=一般；c=不好
交流与合作	12. 认真听取别人意见并询问				a=能；b=一般；c=不能
	13. 积极表达自己意见				
	14. 完成小组分配的任务				
总评					

三、开发"活力课程"，满足学生多元需求

学校将根据英语课程校本化实施方案，提炼学生英语阅读素养、听说素养和综合语用的发展元素，形成系列化的专题；再针对相应的专题，开发不同类型的微课程，充实英语教育资源库。

（一）"活力课程"的建设路径

1. 拓展英语阅读实践，让英语阅读学习与生活打通

学校将充分利用地处市图书馆旁、文化氛围浓郁这一资源，着力推进英语阅读教学重点实践体验项目。生活处处有阅读，阅读无处不在，英语阅读的外延和生活的外延一样宽广。从读书作文到日常口语交际，无不是英语阅读能力的体现。因此，学生不仅要从课本名著中学习，还得从日常生活中学习，把学习英语阅读的触角伸向社会生活的各个角落。

(1) 英语阅读教学"生活化"

所谓英语阅读教学"生活化",指的是教师在选择英语阅读材料的过程中,自然而然地注入生活内容的"活水",让学生在学习英语阅读的同时学习生活,磨砺人生。

(2) 学生生活"英语阅读化"

所谓学生生活"英语阅读化",指的是学生在教师的引导下,形成"英语阅读是生活的组成部分,生活须臾离不开英语阅读"的观念,并养成运用英语阅读知识,在生活中培养英语阅读能力的好习惯。

(3) 校园生活"英语阅读化"

英语阅读教学应充分利用学校的人文、历史、自然、课堂等资源,为学生创造浓郁的英语阅读学习氛围,如:每堂课安排一位学生进行"一分钟讲演",评论时事新闻;让学生组织英语派对,写英文邀请信。

英语阅读教学要紧密联系生活,将学校课堂教学与学生生活体验结合起来,努力将教学活动延伸到学生生活的整个空间中去,让学生在日常生活中感受英语的浸润,更好地学习英语阅读。

2. 开辟英语视听说新领域,让听说技能成为思维品质的延伸

视听说课程旨在培养学生的听、说能力和口头交际能力,帮助学生建立合理的知识结构体系,使他们能用英语自如地进行交流,为日后专业课程的学习奠定基础。本课程要求学生能用所听所学就日常话题与英语国家人士交谈,能用英语陈述事实,表达思想。同时,使学生了解异国文化,增强交际意识和文化意识。具体来说,可分为听力和口语两个方面。

就听力而言,视听说课程试图让学生通过学习,分阶段达到教学大纲中的听力要求,听懂语速正常的句子(每分钟 80—150 词),如生活、新闻、旅游等方面的英语对话和英文讲座。

就口语而言,视听说课程旨在让学生形成良好的口头表达习惯,做到清晰、流畅和达意,熟练运用一般英语词汇和习惯用法进行有效的情景交际,并能就常见主题进行简单叙述和讨论。即熟练掌握基本的生活情景表达法,初步掌握基本的生活情景交流

技巧,初步了解主题发言的步骤和方法。

3. 丰富英语综合语言实践活动的内涵,让实践活动情感化

英语综合语言实践活动是英语教学中不能忽视的重要内容,也是全面提高学生理解、运用英语的能力的有效途径。丰富的语言综合实践活动,不仅可以提升学生的语言思维品质,还可以丰富学生在英语学习过程中的情感体验。

通过这种有实际意义的实践活动,学生的英语交际能力得到加强和提高,同时,他们的情感体验也得到了极大的丰富。从准备阶段的喜悦,到活动过程中的兴奋,再到成果汇报时的大功告成,学生真切地体会到学以致用的快乐、参与的快乐、合作的快乐、交流的快乐。而这种体验,又促进了学生英语学习的积极性,真正达到了英语教学"激励情意"的目标。

此外,以小组为单位参加综合语言实践活动,明显增强了学生的合作意识。每个小组成员都有义务为小组作贡献,每个人都需要与其他成员合作,取得他人的支持。积极的互相依赖意味着淡化优生和差生的概念,让学生以平等的身份出现在小组中,改变了原有课堂中学生之间个体竞争的机制,避免了负面的相互依赖(negative interdependence)。在小组合作中,每一个学生的收获都是整个小组的收获,小组的成绩取决于全体组员的共同努力,这极大地激发了学生的合作意识。

四、完善"活力文化",为英语学习提供支持

学校将在现有图书馆、阅览室的基础上,专设英语名著阅读吧、英语广播电台以及电子阅览室,建设英语阅读文化墙,完善"活力文化",努力做到"每一个文字都有流动的思想"。

(一)"活力文化"的营造方法

《国家中长期教育改革和发展规划纲要(2010—2020年)》明确要求:"促进学生生动活泼学习,健康快乐成长。""活力英语"课程建设过程中,高效课堂在很大程度上体现为"活力课堂",而课堂之上的活力则依托于大环境、大氛围的活力。孤立片面地追

求课堂活力是无本之木、无源之水。因此,改造学校环境、建设活力文化,是营造"活力文化"必不可少的前提。

1. 英语名著阅读吧

名著阅读在初中阶段的英语学习中发挥着越来越重要的作用。因此,我们设立英语名著阅读吧,鼓励学生阅读名著。在书目选择上,根据学生的认识特点和语言水平进行阶梯式的挑选。如以美国的纽伯瑞奖获奖作品作为起点,它们大多通俗易懂,生动活泼,适合初中生阅读。学生可以每月精读一本,每读完一本可以获得一个阅读勋章。

2. 英语广播电台

学校广播是以学生为主体的媒体。校园英语广播电台也将成为展示双语中学生风采、发展英语特色的一个宣传阵地。它将以生动有趣的内容形式,使学生在潜移默化中接受教育,开阔眼界,在快乐中学习和成长。如:"Speak English"介绍一些英美文化、英语励志故事、经典美文等(英汉结合);"Lesson time"播放本学期所学的课文或对话以及一些重要的单词,让学生在轻松愉快的环境中复习每天学习的东西;"Proverb time"每次送给学生一句英语谚语,帮助积累作文素材;"Song time"播放经典的英文歌曲,让学生感受英语的美丽。(栏目会根据具体的情况作出相应的调整)

3. 电子阅览室

电子阅览室是指以计算机技术、网络通信技术为基础,集电子文献(如磁盘、光盘、网络服务等)阅览、咨询、培训、服务为一体的现代化多功能阅览室,是计算机技术在图书馆领域的应用。电子阅览室的基本功能是向师生提供海量的电子文献,这对于提高学生的英语自主学习能力有非常积极的作用。此外,电子阅览室还是开展英语视听说课程的最佳场所。

4. 英语文化墙

为了加强"活力文化"建设,营造良好的育人氛围,"英语文化墙"将让学校走廊、学校专栏和教室的白墙变成了"活力文化"的展示点。板块规划多样,各具特色,如:英语技能规划板块,以成长阶梯式的方法体现学业规划,让更多同学有目标有方向地学习;英语语言特色板块,介绍英语国家的影视剧与风土人情,展现英语语言特色,使学生在学习之余体验语言的魅力;未来展望板块,在自身兴趣爱好的基础上构建未来,让学生在耳濡目染中提升学习兴趣,发挥"活力文化"对学生的渗透作用,营造更加和谐优美的学习环境,形成富有特色的文化氛围。

（二）"活力文化"的评价要求

指标	评 估 内 容	评估方法	分　值				等　级				评估得分
			10	8	6	4	A	B	C	D	
英语名著阅读吧	1. 藏书量达标,并能逐年增加;相关图书、报纸、杂志能基本满足师生需要,借阅充分,档案齐全; 2. 室内布置温馨雅致,书香四溢; 3. 有专职管理员、名著讲解员。	查阅记录									
英语广播电台	1. 有定期的英语广播计划; 2. 每个年级都有英语广播台成员; 3. 每年的英语广播活动有所创新、涉及面广,满足各年级学生英语学习的需要,带来语言学习的乐趣。	学生反馈									
电子阅览室	1. 开放时间稳定; 2. 有专职的管理人员定期更新电子文献资料; 3. 使用电子阅览室查阅资料的学生不少于每周 50 人次,能较大程度满足学生自主学习的需要; 4. 视听说课程在电子阅览室正常开展。	查阅记录									
英语文化墙	1. 定期布置,有计划、有内涵的英语文化内容展示; 2. 布置设计合理,主题鲜明,积极向上,视觉效果好,体现创新内容和开拓新视野的个性化设计。	现场查看									

五、开展"活力英语节",体验"活力英语"学习的快乐

根据我校实际,每学年开展一次"活力英语节"活动。在坚持每天一节阅读课的基

础上,每学期扎实开展"活力英语节"、朗诵会、"21世纪演讲比赛"等活动,七年级重点开展英语名著阅读活动,八年级开展英语短剧表演、趣配音等活动,围绕主题,形成系列。

（一）"活力英语节"的总体方案

常州市二十四中第三届英语节活动方案

一、活动宗旨

为进一步推进我校英语教学的改革与实践,检验英语教学的成果,展示学生的英语才能,在成功举办前两届英语节的基础上,本着"人人参与,个个展示"的原则,再次举办活力英语节活动。通过举办校园英语节,营造浓厚的英语交际氛围,让学生感受英语、应用英语。通过举办丰富多彩的活动,激发学生学习英语的兴趣,培养学生的创新精神和实践能力。为学生提供展示才能的舞台,拓展学生视野,丰富校园文化。

二、活动主题

Enjoy English,enjoy our school life! 享受英语,享受校园生活!

三、活动时间

2017年12月

四、参与对象

七、八年级全体学生

五、活动内容

1."我爱记单词"

七、八年级每班派出5人参加单词拼写比赛,根据综合成绩选出年级"单词拼写大王"10名;根据各班平均分选出"单词拼写优胜班级",一等奖一名,二等奖两名,三等奖三名。

2. 英语演讲比赛

以"Dreams"为主题,八年级每班派出1名学生参加比赛。

3. 英语书法作品展

七、八年级每班选出2份作品参加书法作品展,要求统一用A4纸书写指定篇章。

4. 校园英语广播

活力英语节期间,午间固定时间播放英语歌曲,介绍时政新闻和外国文化。

（二）"活力英语节"的评价要求

评价对象	指标体系	等 级 内 容	评定等级
活力英语节	组织建设	1. 章程、制度健全 2. 有专业教师负责	
	活动目标和计划	1. 有年度活动目标 2. 活动目标明确具体 3. 有实现目标的行动计划 4. 计划科学、合理且可行	
	学生活动	1. 积极主动,活动到场率高 2. 生生合作,师生互动好 3. 学生有问题意识 4. 学生有较多的体验和感受	
	负责教师表现	1. 服务意识强 2. 积极参加学校组织的培训或会议 3. 指导教师之间经常交流工作情况,工作顺利开展,工作能力强	
	活动成效	1. 活动正常开展,受到参与学生的欢迎和得到校领导的肯定 2. 学生活动自主性高,学生得到充分锻炼 3. 活动在校园网上有宣传或活动有成果。 4. 活动中涌现出的优秀学生获市属以上级奖励	
	活动记录和资料保存	1. 记录及时 2. 各种记录保存完好	

总之,一个英语教研组如果想成为教师专业成长的共同家园和精神寓所,必须确立大家公认的教学理想和教学追求。"活力英语"就是我们共同的教学追求。在"活力英语"的旗帜下,让英语课程充满生命的激情与活力,力求形成自主学习、师生合作、人文渗透、积极创新的教学氛围,确立"独立思考,求同存异,百花齐放"的价值追求策略。

（撰稿人：高 萍）

第四章 让学习充满磁力线的立体感和张力美

物理是美妙的。物理不是知识的堆砌，不是毫无生命力的概念叠加。让物理充满磁力线的立体感和张力美，让学习展现磁场的自然美和吸引力，是"磁性物理"的追求。调动学生学习的积极性，唤醒学生的探索精神，培养学生的创新能力，是物理课程最美好的期待。

⊕ 学科课程哲学
　穷理正心，关注学生学习动机

⊕ 学科课程目标
　实践创新，提高学生科学素养

⊕ 学科课程框架
　磁性物理，普适与个性化并重

⊕ 学科课程实施
　多维立体，享受美妙触摸物理

常州市第二十四中学物理学科目前共有 9 位老师,其中高级教师 4 位,一级教师 2 位,二级教师 3 位,常州市学科带头人 1 位,近十年参加初中物理青年教师基本功大赛获得市一等奖及以上的教师 3 位。近年来,我校物理教研组在物理学科建设中大胆尝试,将科技教育融入物理国家课程校本化实施中,加强实验教学研究,开展各类与物理相关的专题讲座,拓宽学生视野,给学生提供更多的课程体验。但也存在诸多不足:由于很多活动还处于碎片化实施阶段,未能建构三年一体的成熟体系,远远不能满足学生对物理学习的个性化需求;任课教师的课程意识不强,课程建设比较被动,虽有一定的改变现状的愿望,但没有系统的理论知识和持续的行动作支撑;教学上偏重知识的传授,而忽视了对学生好奇心和探究欲的呵护,不利于学生在物理学科上可持续发展。

二十四中物理教研组着眼于学生的未来发展,注重学生物理学习的可持续性,培养学生全方位的应对能力,这也是新课程标准"一切为了每一位学生的发展"核心理念的有力践行。那么,如何培养学生可持续学习与发展的能力,让学生在校园里健康快乐地成长,感受生命的快乐与精彩呢?现依据教育部《关于全面深化课程改革落实立德树人根本任务的意见》精神以及学校构建"雅慧"课程体系的目标,研制我校物理学科校本化课程建设方案,构建适合学生全面而个性成长的物理特色课程体系并创新实践,打造充满磁力线的立体感和张力美的物理学习方式。

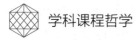 学科课程哲学

穷理正心，关注学生学习动机

一、学科价值观

物理学是一门基础自然科学，它所研究的是物质的基本结构、相互作用和运动规律以及所使用的实验手段和思维方法。随着人类对物质世界认识的深入，物理学一方面带动了科学和技术的发展，另一方面推动了文化、经济和社会的发展。经典物理学奠定了两次工业革命的基础；近代物理学推动了信息技术、新材料技术、新能源技术、航空航天技术、生物技术等的迅速发展，继而推动了人类社会的发展。物理学以感知为基础，需要从具体到抽象、从实验到理论的概括过程。同时，物理学又是一门方法科学，需要按照科学研究的系统方式去探究事物的本质和规律。物理有概念系统，有定性规律，有定量规律，有完整的从表象到本质、从个别到一般的抽象概括过程，有丰富的模型。

《义务教育物理课程标准(2011 年版)》指出："义务教育物理课程应综合反映人类在探索物质、相互作用和运动规律等过程中的成果。物理学不仅含有探索大自然的知识成果，而且含有探索者的科学思想、科学方法、科学态度和科学精神等。义务教育物理课程作为科学教育的组成部分，是以提高全体学生科学素养为目标的自然科学基础课程。此阶段的物理课程不仅应注重科学知识的传授和技能的训练，而且应注重对学生学习兴趣、探究能力和创新意识以及科学态度、科学精神方面的培养。"这里所讲的"学习兴趣、探究能力和创新意识以及科学态度、科学精神方面的培养"，指的就是保持

和激发学生学习动机,强烈的学习动机可以促进学生在物理领域持续性地探究学习,推动学生在科学领域深入研究。因此,物理教育应该注重培养学生的学习动机。

但是,初中物理教学现状却并不尽如人意,重知识轻方法,重结果轻过程,重智力发展轻情感教育。学生往往能"学好"却不"好学",在各种测验中均能有上佳的表现,但却缺少对物理学科的热爱,学习仅限于知识点的重复和巩固,专注于题海演练。对物理科学之美的感悟、对未知世界的探索愿望处于若有若无的状态。2011 年版《义务教育物理课程标准》提出,物理学科的核心素养就是学生通过物理学习内化的带有物理学科特性的品质,是学生科学素养的重要构成,主要由"物理观念"、"科学思维"、"实验探究"、"科学态度与责任"四个方面的要素构成。基于以上认识,我们将"注重学生可持续学习,培养和激发学生学习物理的动机"作为课程开发的哲学依据。

二、学科理念

物理课程注重学生可持续学习,培养和激发学生学习物理的动机,学科理念为穷理正心。

"穷理正心"出自宋朝理学家朱熹的《四书集注》:"《大学》所教,是'穷理正心,修己治人之道'。"

我们所提的"穷理"是指保护学生追求事物规律原理的欲望。培养学生的理性思维,引导学生崇尚真知,理解和掌握基本的科学原理和方法,不畏权威,不迷信标准答案,敢于批判质疑,遇事能够独立思考、独立判断,思维缜密,能多角度、辩证地分析问题,不意气用事,客观公正地看待事物的发展规律;保持勇于探究未知事物的欲望,有坚持不懈的探索精神,决不半途而废,能大胆尝试,积极寻求有效解决问题的方法;能依据特定情境和具体条件,制订合理的解决方案,具有在复杂环境中行动的能力。

我们所提的"正心"是指教育的最终目的是育人。穷理是为了正心,教育能使人端正心态。初中物理课程就是通过对客观事物的探究促进学生人生观和价值观的形成。学生在学习过程中经历小到粒子、大到宇宙的事物规律探究过程,能感受人之渺小与大自然之浩瀚,从而珍惜生命之伟大,以客观公正的眼光看待事物,用理性的思维去思考事物;通过学习瓦特改良蒸汽机推动第一次工业革命等物理学史,强化劳动创造成功生活的意识,理解技术与人类文明的有机联系,增强掌握技术的兴趣和意愿,了解物理的发展对推动人类文明进步的重大作用;通过严谨的科学探究过程,形成尊重事实和证据、不迷信谣言、不盲从跟风、动手实证的意识和严谨的求知态度,遇到问题的时候能够冷静、科学地作出判断,善于发现和提出问题,有解决问题的兴趣和热情。

只有做到"穷理正心",才能让学生的学科学习真正具有旺盛的生命力,才能真正激发学生学习物理的动机,才能让学生享受物理的美妙。否则,物理教学便只是物理知识点的简单堆砌和物理概念的重复叠加。因此,物理教研组提出构建"磁性物理"课程。所谓"磁性物理",就是让物理课程充满磁力线的立体感和张力美,展现物理课程的磁场自然美,吸引磁场中的每一位学生,积极构建调动学生学习的积极性和兴趣,激发学生的求知动力与探索精神,培养学生的批判性思维和创新能力,呵护好奇心和激发探究欲的物理课程。"磁性物理"课程具有以下几个特点:

(一)"磁性物理"课程是致力于突出学科价值的物理

磁体周围存在着磁场,每一个磁体的介入都会改变周围磁场的分布,"磁性物理"课程力求体现每一个课程细节的价值。初中物理教材有相当一部分内容属于经典物理范畴,这些内容都是物理发展过程中积淀下来的精华,但是不可避免的,背景资料比较陈旧,叙述方式比较呆板,与学生生活实际相差比较远,而且统一的教材往往缺乏与地方实际生活的联系。作为课程的实施者,应该寻找经典物理与现代生活的联系,让学生觉得生活中处处是物理,能在实际生活中运用这些规律,一通百通。此外,教材限于篇幅,往往难以对一些物理知识、物理概念的发生过程进行详细介绍,因此,教师可以在教学过程中适当补充一些物理学史知识,让学生了解鲜活的物理发展历程,让简单的描述变得更加丰富、立体、有血有肉。学生了解物理发展历程,学会像科学家一样思考,在思考中获得成就感。随着现代技术的进步,教师可以在教学过程中适时选择一些最新物理科技融入教学,或者联系教材解释一些新应用的原理,激发学生的认知需要,进一步激发学习动机,从而认识到物理就在我们的身边,学习物理是有价值的——可以改变我们的生活。总之,让每一个在磁场中的小磁体都受到力的作用,也让每一个小磁体都反过来影响磁场。

(二)"磁性物理"课程是展现学科自然之美的物理

磁体周围有人眼看不见但又客观存在的磁场,磁力线可以展示出磁场的立体感、对称美,每一根磁力线又充满张力。可以说,大自然给我们呈现的磁场就是淋漓尽致地展现天然美的典范,因此,教师在物理教育过程中要尽情展现物理学科之美。杨振宁在《美和理论物理学》一文中指出:"科学中存在美。"诗人、作家笔下展现的自然之美让人心旷神怡,而源于自然之美的科学美,特别是物理美范畴体系的简单美、奇异美、真理美、对称美、和谐美、统一美等更让人陶醉。物理学是一门闪耀着美的光辉的科学,它的美体现在物理学理论的内容和形式上,也体现在物理学研究的过程中。物理学以追求宇宙的和谐为目的,物理学家们在探索自然界物质运动的规律时,无论是他们所运用的巧妙的思想方法、他们的勤奋和智慧的结晶——简单和谐的物理理论,还是他们在追求真理的过程中所体现出的严谨求实、锲而不舍的科学精神,无不向人们展示科学自身的至美。如奥斯特发现磁生电与法拉第发现电生磁是通过逆向思维去发现自然之美,作用力与反作用力的图像表现了对称之美。"磁性物理"课程就是要激发学生对自然科学之美的追求。

(三)"磁性物理"课程是促进学生情智和谐的物理

异名磁极相互吸引、同名磁极相互排斥,这个世界正是因为有相吸和相斥的哲学存在才会如此和谐。老师与学生之间客观存在着引力和斥力,如何让两种力和谐并存、相辅相成,这是磁性物理研究的范畴。物理教育不是冰冷的知识和技能的传递,而是师生情感与智慧的互动交流。我校一直提倡创建情智课堂,教育教学中注重情感与智慧的创生,而"磁性物理"课程更加关注学生在学习物理时的情感,做有温度的物理教育。根据马斯洛需求层次理论,学生渴求被尊重和关注,正值青春期的学生更需要老师的关心和爱护。因此,"磁性物理"提出要让学生在课堂中被关注、被鼓舞、被认可、被激励。物理学习也是一个情感相互融化的过程。教师一定要有真诚的笑容，要会适度激发学生的"被需要感"，从而激发他们的成就感；教师要有生动的表情，变化的体态、语音、语调，幽默平和的口吻，积极中肯的评价，这些都是向学生传达情感的有效手段。对于学习暂时落后或者学有困难的学生，教师更要弯下腰来给予中肯的建议和鼓励，要让孩子们喜欢上物理课，将物理课当成一种期盼和享受。总之，教师要学会在物理课堂灵活利用多种手段，调动学生学习的积极性，促进学生情智和谐发展。

（四）"磁性物理"课程是引发学生深度思考的物理

磁场力的大小和与磁体的距离有关，越靠近磁体越能感受到磁场力的作用，而远离磁体则会让磁场力的作用微乎其微。同理，物理教育需要带动学生深度思考，只有经过深度思考的物理才会融入学生的血液，只有经过深度思考的探究才是有质量的探究，只有经过深度思考的事物才会在脑海中形成记忆。在课堂中，"对不对"、"是不是"等简单问题的回答，不足以调动学生的深入思考；齐声朗读、圈点勾画、集体鼓掌等貌似热闹非凡，然而带给学生的只是一时的喧嚣，毫无深入思考的空间。正如旅游时导游天花乱坠的介绍词，一段时间过后，留在脑海里的往往只剩只言片语，因为这些信息都属于浅层次的接受，它们会随着时间推移渐渐消失。作为老师，要引导全体学生深入思考，了解物理知识、物理概念的来龙去脉，了解物理在生活中的应用，试着用自己的语言从物理的角度解释一些生活现象。有深度的思考、有质有量的思维过程才是激发学生学习动机的保证，才能让学生切身体会到"磁性物理"的魅力。

（五）"磁性物理"课程是构建有张力立体的物理

学生能够在书本上画出平面的磁感线，但事实上，磁体周围的磁场是立体的、有张力的。"磁性物理"课程通过拓展课程丰富国家课程的内容，通过物理学史和现代科技让学生开阔视野，构建有时间轴的丰富的物理教育。它能够联系书本知识，回到历史长河中"那一刻"的历史现场；能够运用物理知识，解释科学最新发现和最新应用——这些都能开拓学生视野，提高学生学习物理的兴趣。作为物理课程，"磁性物理"还特别注重提高学生科学素养和挖掘学生创新潜力。通过简单的趣味物理实验,提高学生动手实践的能力和科学探究的能力。利用信息技术助力动力教学,利用数字化实验手段创新常规实验,为进一步发明创造打好基础。STEAM 创造教育更是学生创新能力的综合体现。实施"磁性物理"课程就是构建有张力的物理,给学生一个多维立体的物理,减少学生因审美疲劳而产生的倦怠感。

总之,"磁性物理"就是对学生充满吸引力的物理,它根据学习动机理论激发学生认知需要,让学生享受物理的美妙,为学生可持续学习提供动力保证。

 学科课程目标

实践创新,提高学生科学素养

《义务教育物理课程标准(2011 年版)》指出,课程总目标是让学生学习终身发展必需的物理基础知识和方法,养成良好的思维习惯,在分析问题和解决问题时尝试运用科学知识和科学研究方法;经历科学探究过程,具有初步的科学探究能力,乐于参加与科学技术有关的社会活动,有运用研究方法的意识;保持探索科学的兴趣与热情,在认识自然的过程中获得成就感,能独立思考、敢于质疑、尊重事实、勇于创新;关心科学技术的发展,具有环境保护和可持续发展的意识,树立正确的世界观,有振兴中华、将科学服务于人类的使命感与责任感。

根据国家物理课程总目标,结合二十四中"品行雅正、能力出众、情智和谐、责任担当"的培养目标,物理教研组积极构建注重学生可持续学习的物理。课程理念为穷理正心,激发学生动力。课程总目标是提高学生科学素养和挖掘学生创新潜力,具体目标分为知识与技能、思维与方法、情感与态度、文化与自觉等四个方面。

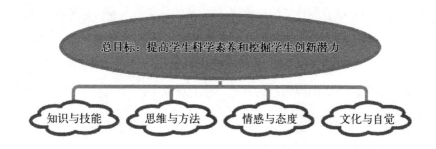

一、知识与技能：掌握可持续学习必需的基础知识和技能

俗话说"巧媳妇难为无米之炊"，再好的想法都要有基本知识和技能作基础。物理课程的基本知识是指学生要学习的教材中的学科知识、生活经验和社会经验等意会知识以及通过多种信息渠道而获得的信息知识。如初中物理主要分为力、声、热、电、光、原子等间接知识，了解这些知识在生产、生活中的应用，可以借助日常生活遇到的直接经验以及通过互联网等各种媒介获取的知识。基本技能是指通过练习而形成的完成某种任务所必须的活动方式，一般可分为四种：基本技能、智力技能、动作技能和自我认知技能。如具有初步的实验操作技能，会使用简单的实验仪器和测量工具，能测量一些基本的物理量，会记录实验数据，知道简单的数据处理方法，会写简单的实验报告，会用科学术语、简单图表等描述实验结果。

二、思维与方法：学会运用科学思维和方法解决实际问题

学生在分析问题和解决问题时应自觉尝试运用科学的思维和科学的研究方法。经历物理知识和物理概念的科学探究过程，培养初步的科学探究能力；经历观察物理现象的过程，能简单描述所观察物理现象的主要特征，有初步的观察能力；能在观察物理现象或物理学习过程中发现一些问题，有初步的提出问题的能力；通过参与科学探究活动，学习拟订简单的科学探究计划和实验方案，能利用不同渠道收集信息，有初步

的信息收集能力;通过参与科学探究活动,初步认识科学研究方法的重要性,学习信息处理方法,有对信息的有效性作出判断的意识,有初步的信息处理能力;学习从物理现象和实验中归纳简单的科学规律,尝试应用已知的科学规律去解释某些具体问题,有初步的分析概括能力;能书面或口头表述自己的观点,初步具有评估和听取反馈意见的意识,有初步的信息交流能力。

三、情感与态度:保持科学学习的动力

能保持对自然界的好奇,初步领略自然现象中的美妙与和谐,对大自然有亲近、热爱、和谐相处的情感;具有对科学的求知欲,乐于探索自然现象和日常生活中的物理学道理,勇于探究日常用品或新器件中的物理学原理,有将科学技术应用于日常生活、社会实践的意识,乐于参与观察、实验、制作、调查等科学实践活动;在解决问题的过程中,有克服困难的信心和决心,能体验战胜困难、解决物理问题时的喜悦;有将自己的见解公开的意识和与他人交流的愿望,认识交流与合作的重要性,有主动与他人合作的精神,敢于提出与别人不同的见解,勇于放弃或修正自己的错误观点;在认识自然的过程中获得成就感,能独立思考、敢于质疑、尊重事实、勇于创新。

四、文化与自觉:有将科学服务于人类的意识

树立正确的世界观,有将科学服务于人类的使命感与责任感。如熵增加原理应该植根于每一个人的血液,从而使自己的言行成为一种自觉行为。初步认识科学及相关技术对于社会发展、自然环境及人类生活的影响;有环境保护和可持续发展的意识,能在个人力所能及的范围内对社会的可持续发展有所贡献;养成实事求是、尊重自然规律的科学态度,不盲从,不迷信权威,具有判断大众传媒是否符合科学规律的初步意识。

总之,我校将秉承"磁性物理"的理念,围绕以上四个课程目标,努力提高学生科学素养,挖掘学生创新潜力。

学科课程框架

磁性物理，普适与个性化并重

我校物理学科课程框架根据"立德树人"的总体要求，在学校课程体系的总体框架下，将国家课程创造性地校本化实施，从教学内容上来说分基础性课程和拓展性课程，从实施方式来说有必修课和选修课。基础性课程都在必修课程中实施，拓展性课程一部分在必修课程中实施，另一部分通过兴趣小组、社团活动、"雅慧"选修课等形式进行。"磁性物理"课程的实施目的是既满足所有学生对物理学科的基本要求，又为不同学生的个性化需求提供更多的选择。

一、学科课程结构

根据初中物理学科的课程标准、发展初中学生物理学科核心素养的要求、初中学生生理和心理的发展特点以及本校学生的特质，"磁性物理"必修课程整体结构分为三部分，即物质、能量、运动和相互作用，这一分类主要着眼于人类认识世界的三个基本观点；选修课程整体结构分为五个部分，即物理学史、现代科技、信息技术、趣味实验、STEAM 创造。

（一）必修课程说明

国家课程主要分为物质、能量、运动和相互作用三部分。

随着社会生产的发展，人们对物质世界的认识也逐步深入，物质的利用、消耗与环境和可持续发展之间的矛盾也越来越突出，已成为社会科学发展的焦点之一，而各种新材料的发现和研制，又推动了科学、生产和社会的进步与发展。当今世界，各国都致

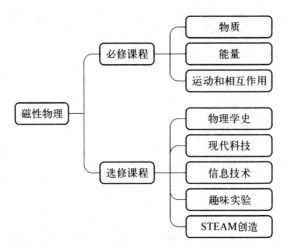

力于新物质、新材料的开发和研究,并将其研究成果快速地转化成产品,材料科学已列入世界各国优先发展的高科技领域。由此可见,学习"物质"主题对学生今后的发展有着重要的意义。本主题内容大致分为三类,第一类是对于身边物质及其属性的初步认识;第二类是对于物质结构和尺度的初步认识,了解人类所认识的物质结构和空间尺度;第三类是和当前蓬勃发展的材料科学相联系的新材料及其应用。

能量主题具有较强的综合性。从物理、化学到地理、生物,大到宇宙天体,小到原子核内部,只要有能量转化就存在能量守恒。能量守恒定律是自然科学的核心内容,它不仅广泛渗透在各门学科中,而且贯串于声现象、热现象、光现象、力现象、电磁现象等物理过程中,反映了物质的运动和相互作用的本质。这也说明自然界中的各种现象都不是孤立的,而是互相联系的。因此,能量守恒定律是自然界最普遍、最重要的基本定律之一。能量主题还具有较强的社会性。人类对各种能源,如煤、石油等燃料以及水能、风能、核能等的利用,都是通过能量转化来实现的。能量守恒定律是人们认识自然的重要工具。能源关系到人们的衣食住行,关系到国家的兴旺发达。能源的开发和利用,是关系人类生存和发展的一个重大社会问题。学习这部分知识,对学生建立科学世界观、联系生产生活实际、形成可持续发展意识和创新实践能力的培养,都有很大的帮助。能量主题包括能量、能量的转化和转移、机械能、内能、电磁能、能量守恒、能源与可持续发展和典型课例分析等七个专题。

　　自然界的变化与和谐源于物质的运动和相互作用,对物质运动和相互作用的研究,极大地拓展人类对自然界认识的深度和广度,构筑了物理学知识的核心,也是学习物理学的基础。如机械运动是自然界的一种基本运动形式,也是与学生生活联系最为紧密的一种运动形式,让学生从生活经验中去认识和体会,把对机械运动的认识从感性上升到理性,深入认识机械运动以及运动的相对性的内涵,体现物理课程标准的理念,即从生活走向物理,从物理走向社会。"运动和相互作用"主要分为四大专题,即多种多样的运动形式、机械运动与力、声与光、电与磁。

　　(二)选修课程说明

　　作为国家物理课程校本化的有力措施,"磁性物理"课程还提出"五星磁性"校本化物理选修拓展课程助推磁性课程的实施。"五星磁性"物理课程采用选修课、社团活动、专题讲座以及融入平时课堂教学等多种实施方法,培养和提高学生的核心素养。当然,"五星磁性"课程中的五个部分并不是割裂开来的,在课程实施过程中多有交叉,相辅相成,培养学生核心素养也是螺旋式上升的过程。五个部分中,物理学史和现代科技主要体现了学生的"知",趣味实验和信息技术主要体现了学生的"行",而 STEAM 创造课程则体现了知行合一,创造新的事物,是学生物化能力的体现,也是物理课程希望达到的境界。

　　1. 物理学史

　　每一个物理发现的背后都有丰富的物理发现史,这些物理发现史可以帮助学生更好地理解物理知识的发生过程,学习物理学家的科学精神。教师可以将一些物理学史巧妙地融入课堂教学,如:光学发展史中,从观察自然现象发现一些自然规律,到通过制作光学仪器来观测微小物体和天体宇宙,每一次观测仪器的更新,都为我们打开了解世界的一扇门。电磁联系一章中,从电磁联系大讨论到电生磁的大突破,从而引起一系列对人类有深远意义的发现,并推动了第二次工业革命。这些物理学史的内容非常丰富,除了在课堂中进行渗透,还可以进行专题讲座,如魅力伽利略、顽皮的爱因斯坦等。物理学史的教学方式多样,如将物理知识的发展历程融入物理知识学习,用科学家的励志、趣味故事调动学生的学习积极性,以物理学家研究问题的过程展现物理研究方法等。

2. 现代科技

现行物理教材的内容选择集中在经典物理的范畴,这显然滞后于科学的发展。教师应该在教学过程中让学生了解科学前沿的一些热点事件,比如引力波、航天技术、纳米技术等,以此培养学生关注最新科技的习惯,引导学生探索和思考最新科技问题。如果仅仅局限于教材中的经典物理的内容,容易使学生与现代科技生活脱节,造成学生学习兴趣的降低。磁性物理课程体系将及时结合时事热点,每学期开展不少于一次的全校专题讲座,指导学生进行有关现代科技的调查研究。通过这样的活动,让学生觉得学有所用,进一步提高学科学习的兴趣。

3. 信息技术

信息技术日新月异对人类生活的影响是全方位的,比如现在很难寻找到 20 年前非常流行的 BP 机,也很少有人用当时非常时尚的"大哥大";但信息技术对课堂教学的改变却比较迟缓。课堂教学所依靠的很多时候仍然是"一支粉笔、一张嘴",并未跟上科技发展的脚步,因此,在物理学科中融入信息技术非常必要。这里的信息技术不单指网络技术,而是一种全方位的信息技术,用它来支持物理教学,目的是让学生更好地理解物理知识。如,能够体现实验过程并可视化过程数据的 DIS(Digital Information System)实验,可以通过声音传感器研究声音的变化,用力传感器研究作用力与反作用力;利用信息技术全方位助推物理教学,将实验现象放大、将实验过程拍照摄像并进行充分的展示;将家庭实验制成微视频共享,突破时空的限制等。这些信息技术的介入将会给学生提供研究问题、解决问题的新思路。

4. 趣味实验

教材中规定了初中物理必做的 20 个物理分组实验,也有很多演示实验,但是验证性实验居多,真正的探究性实验比较少,或者说很多都是伪探究。趣味小实验鼓励学生多动手,开放性的实验也让学生有更多创新性的表达,这些都有利于学生的物理学习。因此,物理教研组要求八年级学生坚持每周做一个趣味小实验,与教材基本同步,培养动手实践能力和创新精神。学生家庭实验不便于实地检查,可以通过拍视频、照片的形式进行在线检查。

5. STEAM 创造

有了一定的物理知识和物理观念作基础,教师可以鼓励学生将想法变成实实在在的物体,提高物化能力。具体造物需要用到一些工具,可以在七年级开始进行专项学习,学习基本的 3D 打印技术、金工木工操作、嵌入式编程等,有了这些工具,学生就可以大胆想象,实现自己的创意想法。STEAM 创造综合体现了物理教学的成果。

二、年段课程结构

根据已有的研究基础,教研组提出分年级的物理学科课程结构。

物理学科八年级课程结构及设置

类别	基础课程	拓 展 课 程				
内容	基础教材内容	物理学史	现代科技	信息技术	趣味实验	STEAM创造
八年级上学期	苏科版八上课本	声速测量方法的变化史 温度单位规定的发展史 温度计的发展史 牛顿——光的色散实验 探寻文献中的小孔成像 光速测量方法的变化史 望远镜的发展史 伽利略的介绍 计时工具的发展历程 米——长度单位定义的变迁	热传感器介绍 医学上的激光应用 温室效应 激光测距仪 超声波测速 天文望远镜 纳米材料介绍 时间漏洞 全息照相 可视电话 基因工程 激光排版技术 当年诺贝尔物理奖宣传	DIS 实验: 声振动图像 噪声的波形 频率与音调的关系 振幅与响度的关系 声音的共鸣 液体蒸发过程温度的变化情况 水在加温过程中的温度曲线 水沸腾特点 沸点与压强的关系 晶体熔化和凝固特点 研究匀速直线运动 测量平均速度	水杯甩哨 吸管排箫 吹不灭的蜡烛 烧不坏的手绢 纸杯旋转灯 沸腾的冷水 变色的碘 神奇的墨水 人造彩虹 食盐粘合剂 冰透镜 空中点烛 指尖烟花 会吹泡泡的瓶子 神奇的镜片	F光源焊接 杆秤制作 自由创造

续　表

类别	基础课程	拓　展　课　程				
内容	基础教材内容	物理学史	现代科技	信息技术	趣味实验	STEAM创造
八年级下学期	苏科版八下课本	天平——质量测量工具的发展史 千克——质量单位定义的变迁 阿基米德鉴定真假王冠的故事 微观粒子的探索史 宇宙的探索史 中国载人航天工程的发展史 力与运动关系的认识过程史	回旋加速器 中微子震荡现象 宇宙的介绍 引力波 物质的拓扑相变和拓扑相 电子对撞机 太阳风暴 风洞试验 照相侦察卫星 当年重大科技时事	DIS实验: 不同物质透光性能的研究 探究牛顿第一定律 力的相互作用 静摩擦力的研究 滑动摩擦力影响因素 液体内部压强 阿基米德原理	能自己跳开的纸杯 吹不出来的神奇乒乓球 能自己上升的试管 大力士——纸会听话的小瓶(浮沉子) "冰山"熔化水会溢出么 自动旋转的奥秘 小船和船桨 液体的压力 帕斯卡裂桶实验 笔帽潜水员 冲不走的乒乓球 水中悬蛋 水下火山爆发 水球的泳姿	节能灯制作 安全风扇制作 自由创造

物理学科九年级课程结构及设置

类别	基础课程	拓　展　课　程				
内容	基础教材内容	物理学史	现代科技	信息技术	趣味实验	STEAM创造
九年级上学期	苏科版九上课本	阿基米德生平事迹 内燃机的发展历程 电流的发展史 电压的发展史 欧姆定律的发	传感器及其应用 引力波 当年诺贝尔物理奖宣传	DIS实验: 研究定滑轮与动滑轮 物体动能大小 探究比热容实验 摩擦做功使温度升高	杠杆原理投篮器 自制杠杆微小形变显示仪 利用DIS仪器、篮球探究改变物体内能	恒温箱制作 遥控小车制作 自由创造

续　表

类别	基础课程	拓　展　课　程				
内容	基础教材内容	物理学史	现代科技	信息技术	趣味实验	STEAM创造
九年级上学期	苏科版九上课本	现史		压缩气体做功使温度升高 串并联电路电流电压规律 电阻定律 小灯泡 U—I 曲线图像描绘 小灯泡 P—U 曲线图像描绘 人体电阻的测量 电流热效应与电阻规律	的方式 蜡烛抽水机 汤匙变磁铁 制作水果电池 带动电子音乐贺卡 自制小电动机	
九年级下学期	苏科版九下课本	焦耳定律的发现史 奥斯特实验的发现史 法拉第研究电生磁的过程 麦克斯韦、赫兹关于电磁波的研究	常温超导 电磁波的运用 磁悬浮列车 光导纤维 同步通讯卫星 无人驾驶汽车 当年重大科技时事	DIS 实验： 小电机的伏安曲线 研究地球磁场 直线电流的磁场 通电螺线管的磁感应强度测量 磁场对通电导线的作用 法拉第电磁感应规律 发电机原理	自制电脑手机 小音箱 自制电磁炮 电磁秋千 自制小电风扇 自制发电机 自制收音机 小鸟喝水永动机	直流电动机模型制作 扬声器制作 自由创造

　　七年级不设物理基础课程,可以开设生活中的物理选修课程,通过介绍生活中有趣的物理小实验,激发学生学习物理的热情;还可以开设 3D 打印技术、金工木工操作、嵌入式编程等 STEAM 必修课程,学生通过学习掌握基本的物化本领,为以后实现自己的创新想法作铺垫。

学科课程实施

多维立体,享受美妙触摸物理

"磁性物理"课程旨在激发学生科学学习的欲望,呵护学生与生俱来的对大自然的好奇心和求知欲,其实施主要从磁性课堂、磁性社团、磁性实验、磁性造物、磁性技能、磁性论坛等六个方面实施。

所谓磁性课堂,是指由充满激情的教师与积极思考和实践的学生共同构成的充满吸引力的课堂问题的思考和实践。磁性课堂要求在课堂上建构有活力的机制。课堂的精彩在于自主与合作的精彩,精彩源于细节因素多维互动,这要依靠程序的系统性和机制的引领性。磁性课堂侧重评价学生的课堂参与度、评价教学结构的合理性、评价每个学生真正参与课堂的思维深度、评价学生交流展示等外显活动、评价每个学生课堂进步情况。

磁性社团是指让一批对某一物理学科领域感兴趣的学生聚在一起组成社团,围绕一些问题进行深入研究,这有利于延续并深度激发学生对物理学科的热情,呵护学生学习物理学科的动力。以探讨物理问题为契机,汇聚感兴趣、愿动手、勤思考的学生,从物理问题到物理课题,从封闭式解题到开放式探究,从碎片化思考到整体架构,切实提高这些学生的科学素养,维持并激发其科学探究的欲望。每学期末,根据社团的组织管理情况、活动情况、课题研究的深入程度、已有研究成果在学校的分享情况对社团进行评价。

所谓磁性实验,不是狭义上的要求学生在学校实验室做实验,而是鼓励学生做实验,让学生养成勤于动手动脑的习惯。物理教研组将要求学生每周在家完成一个小实验,对于没有条件完成的学生开放学校实验室;每年寒暑假还布置探究型实验,比如多种方法间接测量天宁宝塔的高度、测量学校外围墙的长度等。教师对实验完成情况进行评比,完成必做实验的为合格,能够完成探究型实验的为良好,能够自己寻找创新课题并完成实验的为优秀。

STEAM 教育是一种"后设学科",这一学科是基于不同学科之间的融合而形成的一个新的整体。学校现有 500 平方米的 STEAM 实验室,实验室中有机器人套材、Arduino(一款经济的、可调节和可编程的开源微处理器)、3D 打印机、金工木工等常用工具。实验室为学生提供一个造物的空间,学生在动手制造的过程中不断创新,把头脑中的设想变为可能,变为实际的作品。教师可以根据学生的作品进行评比展示。

提升"磁性技能",信息技术助推科学研究。物理组多次使用数字化实验室器材上省市级公开课,学生自主感受传统仪器和数字化实验器材的不同使用效果,并能在后期自主探究实验中主动想到利用数字化实验器材提升实验效果。教师根据实验完成情况进行评价,能够完成老师介绍的 DIS 实验为合格,能够自己设计创新实验并用DIS 完成则为优秀。

开展"磁性论坛",给学生一个展示自己的舞台。磁性论坛主要是鼓励学生把自己知道的物理故事一起分享,通过演讲和辩论加深对物理的理解。鼓励学生走上"磁性论坛",无论是触摸最新的物理科技还是追忆优秀物理学家的事迹,都有利于学生丰富物理情感,感受多维物理,激发学习动力。教师可定期为表现优秀的学生颁发奖状。

（执笔人：杨小春）

第五章　让孩子们用化学的眼光看世界

　　化学是在原子、分子水平上研究物质的组成、结构、性质及其应用的一门自然科学,是有情境、重探究、可实践、讲实用、会创造的学科。让孩子们用化学的眼光看世界,理解学科核心知识、培养问题解决能力,形成科学思维方式,铸就学科品格文化,是"多彩化学"的期待。

　　⊕　学科课程哲学
　　　　多彩化学,用化学的眼光看世界
　　⊕　学科课程目标
　　　　基础启蒙,培育学科核心素养
　　⊕　学科课程框架
　　　　内容重组,满足多元学习需求
　　⊕　学科课程实施
　　　　情境探究,创建主题实践现场

随着课程改革的不断深入,常州市第二十四中学化学教研组依据《义务教育化学课程标准(2011版)》,深化课堂改革,研究化学教材教法。目前,化学学科教研组共有教师7人,师资队伍优良,结构合理,拥有常州市化学学科带头人3名,教学能手1名,4名教师在常州市评优课或基本功大赛中获奖。现依据教育部《关于深化课程改革落实立德树人根本任务的意见》、《义务教育化学课程标准(2011年版)》、《关于进一步推进高中阶段学校考试招生制度改革的指导意见》等文件的精神,制订我校化学学科课程建设方案。

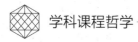 学科课程哲学

多彩化学，用化学的眼光看世界

一、学科性质

化学是在原子、分子水平上研究物质的组成、结构、性质及其应用的一门基础自然科学，其特征是研究物质和创造物质。化学不仅与人们的日常生活密切相关，也是材料科学、生命科学、信息科学、环境科学和能源科学等现代科学技术的重要基础，是推进现代社会文明和科学技术进步的重要力量。

初中化学课程是科学教育的重要组成部分，不仅要引导学生更客观、全面地认识物质世界的变化规律，突出学科的基础性和启蒙性，而且要进一步审视学生发展所需要的化学核心知识、关键能力和情感价值观。从未来社会和公民素养的要求出发，让学生了解化学与日常生活的联系，体会化学对提高自身科学素养、更好地适应现代社会所作出的各种准备。

二、学科理念

我校化学教研组秉持"多彩化学"的学科理念，引导学生体验化学学科的魅力，学习有价值的化学，用化学的眼光看世界。

第一，化学是有情境的学科。学生在特定的情境、任务、问题中学习化学。从学生已有的经验出发，让他们在熟悉的生活情境和社会实践中感受化学的重要性，了解化

学与日常生活的密切关系,逐步学会分析和解决与化学有关的实际问题。

第二,化学是重探究的科学。化学是以实验为基础研究物质的组成、结构、性质以及变化规律的科学。积极引导学生主动体验科学探究的过程,在知识的形成、相互联系和应用过程中养成科学的态度,学习科学方法,在"做科学"的探究实践中培养创新精神和实践能力。

第三,化学是可实践的学科。实验是化学的最高法庭。通过在化工企业和化学研发机构进行职业体验、调查分析和参观学习,让学生关注化学知识在生产生活中的实际运用,知晓初步原理并在实验室还原模拟一些实验操作或者创新实验,从化学的角度初步认识物质世界,提高学生运用化学知识、科学方法分析和解决简单问题的能力。

第四,化学是讲实用的学科。从物质认识、物质识别、物质转化和物质运用的角度认识化学,体会其与人类的生存和发展息息相关。结合化学与社会生活的联系,引导学生初步认识化学与环境、化学与资源、化学与人类健康的关系,使其在面临和处理与化学有关的社会问题时,能作出更理智、更科学的思考和判断,充分感受和领悟化学学科的价值。

第五,化学是会创造的学科。化学家包含着两种不同类型的工作,一是研究自然界并试图了解它,二是创造自然界不存在的新物质和探究化学变化的新途径。化学作为一门研究物质相互作用的科学,是一门渗透于各种新兴交叉学科中的"中心学科",从化学的角度更好地去认识世界、改造世界和保护世界,促进社会的进步和文明。

 学科课程目标 ————————————————————

基础启蒙,培育学科核心素养

《义务教育化学课程标准(2011 年版)》指出,初中化学课程以提高学生的科学素养为主旨,激发学生学习化学的兴趣,帮助学生了解科学探究的基本过程和方法,发展科学探究能力,获得进一步学习和发展所需要的化学基础知识和基本技能;引导学生认识化学在促进社会发展和提高人类生活质量方面的重要作用,通过化学学习培养学生的合作精神和社会责任感,培养学生的民族自尊心、自信心和自豪感;引导学生学会学习,学会生存,更好地适应现代生活。为了实现这一目标要求,着力培养初中化学学科"宏微结合、分类表征、变化守恒、模型认知、实验探究、绿色运用"的核心素养,我校提出如下化学学科课程目标。

一、核心知识：化学概念的多重表征

从宏观、微观、符号和图像等角度识别化学的基本概念(元素、原子、分子、离子、化合物、化学变化、物理变化、质量守恒定律、催化剂、溶解、金属及合金、酸、碱、盐、氧循环、碳循环、燃烧等);初步认识物质是由微粒构成的,物质的用途与其性质有关,物质是可以变化的,物质的变化同时着伴随能量的变化等。

二、关键能力：化学问题的解决能力

化学学科能力主要包括获取信息的能力、实验与探究的能力、解决问题的能力。具体表现为:能用简单的化学语言描述和解释生活中与化学有关的简单现象和问题;初步学会运用阅读、观察、实验等方法获取化学信息,并学会用比较、分类、归纳和概括等方法加工化学信息,能用简单的文字、图表和化学用语呈现信息,能在交流中清楚地表达化学信息;初步具备基本的化学实验技能,形成科学探究能力,懂得并遵守化学实验安全规则,初步养成良好实验习惯;能够利用学校的图书馆和通用搜索引擎及网站查找与化学相关的书籍和资料等。

三、思维方法：化学学科的科学思维

化学研究的对象是不能直接观察到的分子、原子、离子层面的微观实物粒子，化学反应的本质及其规律也隐藏在复杂的化学现象之中，因此，需要用比较、类比、推理、假说和模型等科学思维方法作为化学研究的重要工具。化学问题的解决要从宏观与微观相联系的视角出发，用联系、变化、发展的眼光看问题，基于证据进行推理并概括形成结论，用模型去具体化，用归纳统计、抽象概括去提示规律，形成"结构—性质—应用"的思维方式。

中学化学学习中的主要思想观念有：微粒观、元素观、结构观、变化观、守恒观、分类观、实验观和应用观。

四、学科品格：化学学科的独特文化

培养学生对生活和自然界中的化学现象的兴趣、好奇心和探究欲望，初步树立世界的物质及其变化观念；感受化学对改善人类生活和促进社会发展的积极作用，关注与化学有关的热点问题，初步形成参与讨论和决策的意识；初步树立珍惜资源、爱护环境及合理安全使用化学物质的可持续发展观念；体验到科学探究对认识客观世界和获取科学知识的重要性；初步树立为祖国发展和社会进步学习化学的志向等。

总之，我校将秉持"多彩化学"的理念，围绕以上四个课程目标，发展学生的学科核心素养，培养具有科学精神和实践能力的学生。

学科课程框架

内容重组，满足多元学习需求

我校化学学科课程依据学校"雅慧课程"体系，设立基础性课程和拓展性课程，基础性课程实行协商式分层走班教学，拓展性课程实行选修课模式。

一、"多彩化学"课程结构

根据初中化学学科的课程标准、初中化学学科核心素养、初中学生的发展特点以及我校学生的特质，我校的"多彩化学"学科课程设置"化学与自然、化学与科技、化学与社会、化学与生活、化学与探究"五大类别，其具体结构如下：

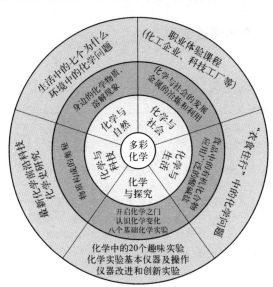

二、"多彩化学"课程设置

七年级：以"我们爱科学"为主题，探寻学科知识，发挥学科特长，将化学学科知识整合到综合实践课中，设置综合性的主题实践活动。

八年级：以"趣味实验"为主，了解生活中的化学，开发生活中的 20 个化学趣味实验，并进行化学发展简史的研究。开展化学科技讲座和主题式研究性学习等。

九年级：以沪教版九年级化学上、下册共九章为基础课程，同时开展化学学科节活动等相关拓展课程。

	第 一 学 期	第 二 学 期
七年级	我们爱科学（一）	我们爱科学（二）
八年级	生活中的 12 个化学趣味实验	生活中的 8 个化学趣味实验 化学发展史的研究
九年级	沪教版化学（上册） 化学拓展课程	沪教版化学（下册） 化学拓展课程

三、"多彩化学"年段课程结构

（一）七、八年级课程结构

年级	课程目标	课程内容	具 体 活 动
七年级	1. 了解一些日常生活中与化学有关的现象； 2. 通过一些趣味实验了解相关的化学知识；	1. 实验基本操作培训； 2. 生活中的化学之为什么； 3. 小组合作进行课题研究。	一、化学与生活 1. 人为什么要呼吸？ 2. 水为什么能灭火？ 3. 二氧化碳为什么能灭火？ 4. 地下党员为什么能用无字密信进行联络？ 5. 紫包菜叶的汁为什么会变成各种颜色？ 6. 使用氢气球时为什么要特别注意安全？ 7. 浓硫酸为什么会使人体被灼伤？

年级	课程目标	课程内容	具　体　活　动
七年级	3. 建立化学使生活更美好的正确化学观。		8. "铁丝"可以燃烧吗？ 二、化学与自然 1. 酸雨为什么会腐蚀建筑？ 2. 废旧电池为什么要回收？ 3. 为什么不能在密闭的房间里点炭火盆取暖？ 4. 为什么要提倡低碳生活？ 5. 为什么人体不能缺乏各种微量元素？ 6. 为什么妈妈说鸡鸭鱼肉营养好？ 7. 天然河水为什么要净化成自来水再使用？ 8. 为什么大多数动植物都需要在接近中性的环境中生长？
八年级	1. 继续深入了解一些日常生活中与化学有关的现象； 2. 通过一些趣味实验了解相关的化学知识； 3. 学会一些简单的化学实验基本操作； 4. 了解一些伟大的化学家的日常小故事。	1. 实验基本操作培训； 2. 化学史的交流与介绍； 3. 生活中的化学实验探究； 4. 基于化学知识的科学探究； 5. 小组合作进行课题研究。	一、化学与生活 1. 我们离不开的氧气 2. 每天饮用 8 杯水 3. 神秘气体 CO_2 4. 伟大的化学家们 5. 质量守恒定律的发现 二、化学与实验 1. 水火相容 2. 魔棒点灯 3. 面粉爆炸 4. 红色喷泉 5. 干冰手榴弹 6. 鸡蛋刻画 7. 黑面包实验 8. 超级灯泡 9. 铜丝灭火 10. 自制指示剂 11. 叶脉书签 12. 点水成冰 三、化学与探究 1. 铁生锈的条件与防锈 2. 燃烧条件与灭火 3. 气体制备的方法 4. 石灰大家族 5. 金属的冶炼方法 6. 强大的硫酸与盐酸 7. 探究物质的溶解能力 8. 走进微观世界 四、化学发展史研究

（二）九年级课程结构

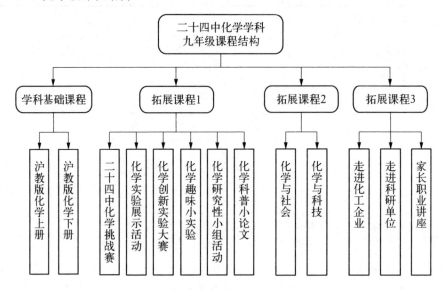

九年级化学拓展性课程设置

课程类别	拓展课程 1	拓展课程 2	拓展课程 3
化学与自然	化学研究性小组活动	设计"科学就在我身边"的综合实践活动教育 化学与环境,如酸雨等环境问题,研究如何实现"绿色化学"等	常州市气象局 常州自来水厂 污水处理厂
化学与科技	金钥匙化学竞赛、二十四中杯化学挑战赛	化学史话和前沿科技 化学与资源,如"海底'可燃冰'"、"车用乙醇汽油"、"西气东输"等 化学与材料,如新型陶瓷、石墨烯、航天材料等	江南石墨烯基地 第六元素科技有限公司 常州天合光能有限公司
化学与生活	化学趣味小实验系列	"衣"中的化学问题:认识常见衣物的材料及其性质,介绍衣物的洗涤和保存方法 "食"中的化学问题:饮用水、汤的营养问题,食品添加剂中的化学物质,水果的营养,食物的相生相克等 "住"中的化学问题:居室及大气中的环境污染问题 "行"中的化学问题:现行交通工具给人们带来了什么	常州亿家乐早餐工程有限公司 垃圾处理厂 常州市消防大队 常州市环保局

续　表

课程类别	拓展课程1	拓展课程2	拓展课程3
化学与社会	化学科普小论文书写	尝试实验探究,创新化学实验,模拟化工流程	常州四药集团 天宁区禁毒基地 中天钢铁集团有限公司 戚墅堰发电厂
化学与实验	化学实验展示活动、化学创新实验大赛	仪器绘制比赛,自制化学仪器,改进实验装置	常州时光机实验室 高校创新实验室

 学科课程实施

情境探究,创建主题实践现场

化学知识作为人类认识物质及其变化规律的智慧结晶,它所承载的意义绝不仅限于字面所表达的含义。每一化学知识都是事实、观点、思想、方法、态度等的融合,具有多彩而深刻的内涵。分析和挖掘化学知识形成背景、形成过程、实际应用和知识之间的联系的过程,就是引导学生思维和认识不断深入发展的过程。

学习活动总是在一定的情境中进行的。教师设计好具有思考价值的问题后,在对学生已有知识经验和教材内容全面、科学分析的基础上,创设问题呈现的情境,使学生能在问题情境中产生认知冲突,从而激发学生积极思维的动机和探索问题的欲望。

为此,"多彩化学"课程提出回归现场学有价值的化学,从建构"多彩课堂"、建设化学兴趣小组、举办化学学科节等方面具体展开。

一、建构"多彩课堂"

通过情境式引导,让学生像科学家那样学习和研究化学,在日常生活中学习简单、基础的化学。同时,创设情境,为学生设计发展的台阶,引导学生积极主动地学习;建设教师、学生学习共同体,发展学生的思维,提升学习能力。

（一）"多彩课堂"的要义与操作

1. "多彩课堂"框架

学习是在现有情境与原有认知相互作用的过程中由学生自我建构的。让学生在特定的任务或真实而有意义的情境中,通过实验设计、实验论证等科学探究过程有效进行化学学习,是探究性教学的出发点。"多彩化学"课堂设计可以提炼为如下模型。

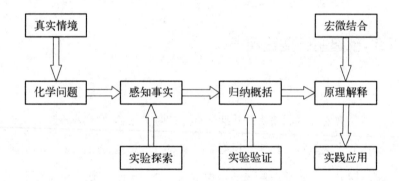

2. "多彩课堂"要素

"多彩课堂"要求教师运用自己的情智进行多角度、多样化的设计,充分调动学生的积极性,使学生情智交融,协调发展。其主要任务是提炼"多彩化学"的核心要素,探索"宏微结合、分类表征、变化守恒、模型认知、实验探究、绿色运用"六大化学学科核心素养在课堂教学中的研究实践,引导教师从学科教学走向学科教育。

（1）倡导自主、合作、探究的学习方式。

（2）开发 DIS 实验系统。

（3）探索"互联网＋化学"课堂教学范式。

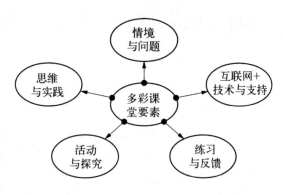

（二）"多彩课堂"的评价要求

1. 评价理念

拓展多样化的评价途径，多一把尺子衡量学生，采用质性评价和量性评价相结合的多重评价方式，增强学生的自信，让学生发现自己的进步。

2. 评价目标

通过课堂评价，加深教师对"多彩课堂"的深入理解，完善"多彩课堂"的构成要素，不断丰富总结经验，夯实基础，实现教学的最优化。

3. 评价内容

（1）课堂类型丰富多样

发展学生的学科核心素养，在问题情境中进行教学设计，着力打造"激情、智慧、分享、生长"的课堂文化，创设平等、民主、和谐、易学、乐学的课堂生态。化学教研组积极探索丰富多样的教学课型——实验课、探究课、讲授课、讲练结合课、数字化小组合作学习、"互联网＋化学"等，让学生在适合的课型中体验化学学习的乐趣，找到属于自己的学习成就。

（2）学习方式灵活多样

针对学生基础有别、个性多样、化学能力不同的实际情况，以及学习方式、学习习惯的差异，化学教研组尝试创设新颖的符合初中生认知特点的学习情境，利用多种学习方式，如核心知识学习指导、化学实验方法指导、证据推理方法指导，重点培养学生自主学习的方法和习惯。

（3）特色课堂形成品牌

化学实验是化学学科的首要特色，是中学化学课程的重要组成部分，不仅能够激发学生对化学学科的极大兴趣，更是科学探究的重要方法。实验教学应当成为化学课堂教学的重要方式，探索演示实验、探究实验、趣味家庭小实验、自主创新实验、情境实验等不同实验模式,不断观察、总结、反思和改进,促使学生养成科学方法和科学精神,培养学生的创新意识。

4. 评价方法

化学教研组根据课型的不同,设计了"多彩课堂"教学评价表。

学　科			班级		授课时间		授课地点		分值
执教者			课题						
基础性评价	教学目标		符合新课程标准,切合学生实际,符合化学核心知识、关键能力、科学思维和学科品质的培养要求。						10
	教学设计		设计结构合理,简洁实用,重点突出,以学生发展为本,联系社会生活实际,发挥学生的自主性,体现"多彩课堂"的教学策略。						10
	教学活动		教师表现 1. 教学思路清晰,设计富有创意,体现生本意识。 2. 教学过程清晰,脉络流畅自然,有利知能建构。 3. 教学预设充分,课堂生成精彩,学生参与积极。 4. 问题情境真实,注意实验探究,提供多彩环境。 5. 资源开发适当,拓展延伸适度,把握"最近发展"。 6. 媒体使用适当,突破重点难点,亮点耳目一新。 7. 教学机智灵活,点拨引导到位,体现因材施教。 8. 教学风格鲜明,个性特点彰显,富有时代气息。 9. 尊重学生差异,关注学生情感,体验成功喜悦。 10. 联系生活实际,体现学科价值,激发探究兴趣。						25
			学生表现 1. 参与主动积极,有效合作学习,实现层次目标。 2. 交往融洽友好,敢于发表见解,课堂氛围和谐。 3. 思维科学活跃,贯穿学法指导,学习方式灵活。 4. 善于独立思考,实验操作规范,具有探究意识。 5. 学习情绪高昂,主动获取新知,求知欲望强烈。						25
特色性评价			设计符合不同课型的教学活动,体现"激情、智慧、分享、生长"的课堂文化,突出"多彩化学"的核心要素,关注"宏微结合、分类表征、变化守恒、模型认知、实验探究、绿色运用"化学学科核心素养的培养。						10
教学效果			基本实现教学目标,课堂中学习的主动性、有效的互动性、过程的实践性、知识的理解性、良好组织性等充分体现,化学学科关键能力和学科品质基本得到落实。						20

二、建设化学兴趣小组

将初中化学综合实践课程与化学学科课程的内容进行有机整合,有利于激发学生学习化学的兴趣。七、八年级学生以小组合作研究的方式组建化学兴趣小组,确定与化学有关的研究主题,然后对活动项目或课题进行讨论,着手制订具体的、可行的、有效的活动实施方案。

化学兴趣小组根据不同的内容可以细分为化学魔术小组、化学思维小组、化学创客小组、化学寻访小组、化学史研究小组等。化学兴趣小组实行多元评价方式,着重关注学生自主合作、探究的意识,让学生学会倾听、协作、分享,体验活动过程的愉悦,主动提出有意义的问题或发表个人见解。具体评价内容包括:

查找的资料;

有价值的活动过程记录;

研究总结或者调查报告;

问题讨论过程及结论;

活动自我小结、自我评价或小组评价表;

师生交流园地。

三、举办化学学科节

设立二十四中化学学科节活动,让纯洁的化学空气弥漫在学生的学习过程中,活动包括二十四中杯化学挑战赛、化学实验展示活动、化学创新实验大赛、化学趣味小实验、化学科普小论文书写、化学研究性小组活动等。

化学节主要以学生的参与和比赛为主,设立班级奖励和学生个人单项奖。

四、建立化学创新实验室

九年级学有余力的学生可以组建研究团队,自行设计实验方案,方案经论证通过后,在教师的指导下在实验室进行创新实验操作。这样的活动可以安排在假期进行。建设 DIS 实验室,满足学生探究活动的需要,形成具有化学特质的学科实验室,让学生可以自制化学仪器,改进实验装置,尝试实验探究,创新化学实验,模拟化工流程。

根据基础性实验和创新性实验的不同特点实行不同的评价方式。

基础性实验评价:

评 价 内 容	评 价 描 述
情感态度	
操作问题	
知识疑问	
其　他	

创新性实验评价:

评价内容　评价主体	评 价 项 目	评价情况
小组评价	实验中遇到的问题	
	解决方案	
	实验设计及操作的创新点	
	实验结果分析	
	整体评价	
教师评价	对实验原理和设计的理解	
	提出、分析、解决实际操作问题的应变能力	
	小组合作	
综合评价		

五、"我与化学有个约会"——职业体验活动

走进化工企业和单位进行实地学习和调研，了解行业特点，将书本上的知识、技能与实践经验有机联系起来，即让中学化学的课堂延伸到社会领域，加强知识的实用性研究，形成校本课程资源。创建职业体验情境（参观、访谈、模拟），促使学生认识到与化学有关的职业具有独特的社会价值，并与课堂教学进行关联和融合，引导学生用化学的眼光看待物质世界，提升学习的质量和品质。具体评价内容包括：

查找的资料；

职业体验报告和相关素材；

有价值的实验探究设计；

调研后的问题讨论单及其思考；

师生交流园地。

（执笔人：詹发云）

第六章　生命可以如此纯粹而美好

　　塑造善良、丰富、高贵的灵魂，是教育的终极价值。我们期望在道德与法治课程中，远离喧嚣，回归"立德树人"的初心，在和谐自然的教学场中，师生、生生平等对话，相互启迪，实现课程与教学变革的美好期待：让生命纯粹而美好。

　　✥　学科课程哲学
　　　　教育是对生命的守望
　　✥　学科课程目标
　　　　塑造最美好的心灵
　　✥　学科课程框架
　　　　聆听生命拔节的声音
　　✥　学科课程实施
　　　　舒展真实自然的生命

常州市第二十四中学政治教研组,现有教师9人,其中高级教师7人。常州市骨干教师4人,教学能手和教坛新秀2人。女教师5人,男教师4人。常州市第二十四中学政治教研组,秉持"立德树人,培养合格的现代公民"的课程理念,充分发挥团队合力。按学校制订的"雅慧"课程计划,教研组认真开展教研组活动和备课组活动,积极参加常州市教科院组织的各类教科研活动。以备课组为单位开展听课、说课、磨课活动,以教研组为单位开展教学研究,带动教育集团的教研组共同发展。

随着课程改革的不断深入和新课标的全面修订,2016年,教育部作出工作部署:为贯彻党的十八届四中全会关于"把法治教育纳入国民教育体系,在中小学设立法治知识课程"的精神,教育部、司法部、全国普法办联合印发《青少年法治教育大纲》并要求将其内容融入德育教材,义务教育阶段德育课程全部更名为"道德与法治",着力加强对青少年进行进行社会主义核心价值观教育和法治教育。为了进一步丰富学科课程体系,落实立德树人根本任务,我校政治教研组积极开展本学科课程开发与实施工作。

学科课程哲学

教育是对生命的守望

一、学科性质

道德与法治课程是一门以初中学生生活为基础、以引导和促进初中学生思想品德发展为根本目的的综合性课程,具有"思想性"、"人文性"、"实践性"、"综合性"等特点。思想性强调以社会主义核心价值体系为导向,深入贯彻落实科学发展观。人文性强调关怀青少年精神成长需要,提升学生人文素养。实践性强调实践在良好道德品质形成发展中的作用。综合性则强调整合,各方面的生活要整合,知情意行各环节要整合,教学目标要整合。

二、学科理念

道德与法治学科的核心价值在于立德树人,以社会主义核心价值观为导向,旨在促进初中学生形成正确的思想观念、良好的道德品质和行为习惯,为使学生成为有理想、有道德、有文化、有纪律的社会主义合格公民奠定基础。通过课程的实施,让生命纯粹美好,是我们的价值追求。

第一,教育的核心价值在于成全生命。一个人生命的发展,就是自身发展的过程;一个人生命的价值,不依赖别人的态度,而主要依靠自身的理想、追求和努力。美好的教育可以启迪、唤醒生命自觉,在一个人的生命成长历程中发挥重要作用。教育成全生命,主要在于唤醒人的生命意识,促使人主动地发展。

第二,教育使人成为纯粹之人。纯粹是指不掺杂其他成分,能真正体现事物的本质。教育能使人发现自我,成为自我,不为外界所动,遵守内心的法则。每一次教育,都努力使人超越现有发展水平。就人类总体发展趋势看,这种向上生成永无止境。而且,对于不同人、不同时期、不同境况,向上生成的境界与追求不尽相同。

第三,教育的意义在于成就美好生活。教育在传授知识的同时,提高个人修养,增加人们对生活的感受力,从而引导人们认知自己,提高自己,最终过上更美好的生活。

总之,道德与法治课程关注学生的成长需要,直面学生对美好生活的期待。面对复杂而不断变化的社会生活,适应国家经济社会发展的新情况,为了帮助学生在社会问题面前作出正确的价值判断和选择,给学生以生活的勇气和力量,促进学生健康成长,我们秉持"教育,让生活更纯粹美好"的理念,试图建构"纯美课堂"。品德,是教育内容,更是教育观念;生活,是载体,更是教育途径;纯粹美好,是目标,更是我们对生活的期待。

 学科课程目标

塑造最美好的心灵

基于学生品德发展,以生活逻辑为主整合课程内容,构建道德与法治学科课程目标体系。

一、学科课程总目标

道德与法治课程是一门以初中学生生活为基础的综合性课程。它以初中学生生活经验为依据,以青春生命在与他人、与集体、与社会、与国家以及全球关系中的自我发展为线索,以培养社会主义合格公民为中心,促进初中学生正确思想观念和良好好道德品质的形成与发展。我校道德与法治教研组在课程标准的指导下,积极开展校本化研究,"纯美课堂"应运而生,以初中学生生活为基础,引导和促进学生的品德发展,指向美好纯粹的生活。

二、学科课程年段目标

我们试图通过道德与法治课程的学习,让初中学生在道德品质、心理健康、法治观念、国家意识、政治认同、文化自信、社会和谐、人生价值等方面获得发展与提升。具体年段目标见下表:

年 段	年 级 目 标
七年级	了解中学生青春期的身心发展特点和促进身心健康发展的途径。 学会调节情绪的方法,能够自我调适不良情绪,适应初中生活。 学习搜集、处理、运用信息的方法,用计算机解决学习和生活中的问题。 培养自尊心和自信心,乐观面对初中生活中的困难与挑战,坚韧不拔,积极向上,争做雅正少年。
八年级	了解"我"与师长和同学、"我"与学校和家庭、"我"与自然的道德规范。 掌握爱护校园和身边环境的基本途径和方法,养成爱护环境的习惯。 熟悉校规,了解校纪校规和各班级的行为规范约定的基本作用和意义。 逐步掌握交往与沟通的技能,学习并运用参与校园公共生活的方法。 领会法律的意义,领会校规的精神;初步学会运用法律抵制校园欺凌、维护人身权利和受教育等相关权利。 孝敬父母,尊重老师和同学,诚信考试,诚实做人,乐于帮助身边有困难的人。 遵守国家法律和校纪校规,自主自立,具备公民意识,理性看待学校和班级中的一些现象和行为。
九年级	认识自身与学校的关系。 了解当前我国的国情、当今世界的发展状况以及学校的发展史。 初步认识和理解社会生活的复杂性,在学校、家庭和社会中,能够作出正确的道德判断和选择。 亲近自然,爱护校园环境,珍惜有限的资源,培养勤俭节约的意识。 热爱劳动,履行劳动职责,参与科技活动,勇于创新和实践。 热爱班级集体,敢于竞争,善于合作,有较强的班级荣誉感和奉献精神。 热爱祖国,热爱家乡,热爱学校,与人为善,热爱和平。

学科课程框架 ————————————————————————

聆听生命拔节的声音

在坚持国家课程方案基本模块结构的基础上，对国家课程、地方课程加以校本化的统整和开发，实现必修课程与选修课程、学科课程与活动课程、基础课程与拓展课程的有机统一，使课程更好地体现二十四中的校本特色，为学生打造个性化的课程。

一、学科课程结构

道德与法治课程遵循生活逻辑，整合道德、心理、法律及国情等方面的知识，凝练三学年六册教材各个单元的学习主题，统筹安排各年级教育。

（一）道德

通过国家课程"道德与法治"，学习礼仪，增强诚信，提高道德修养。通过校本课程"文明礼仪教育"掌握校园礼仪、家庭礼仪、社会礼仪。通过校本课程"学好《弟子规》，做好中国人"学习中华传统文化，学会与人友好相处。教学方式主要包括课堂教学、讨论交流等。

（二）心理

通过国家课程"道德与法治"，学会认识自我，学会与朋友、老师和家长和谐相处。通过校本课程"幸福心理课"，体会幸福的真谛，学会情绪调节、与人交往，做幸福的人。教学方式主要包括课堂教学、情景体验、角色扮演等。

（三）法治

通过国家课程"道德与法治"，了解对未成年人的法律保护，学习宪法的相关内容，崇尚法治精神，学法、懂法、守法、护法，用法律为成长保驾护航。同时，聆听法治报告，观摩少年法庭的庭审，开展法治小调查。

（四）国情

通过国家课程"道德与法治"，了解个人与社会的关系、我国的民主制度等，在了解我国国情的基础上，树立理想，报效祖国。在每堂课的前 5 分钟，进行"新闻播报"或"时政演讲"，让学生搜集新闻热点，用所学的学科知识进行点评与分析。

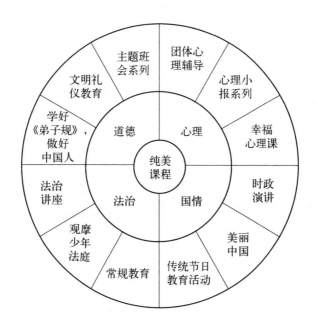

二、学科课程设置

道德与法治、国学、礼仪和心理课程，从道德、心理、法治和国情等不同层面，构建了多方面、多维度的纯美课程。具体来说，我校道德与法治教研组依据各年级学生身心发展特点和课程的内在逻辑，进行分年级的课程设置：

学期	道 德	心 理	法 治	国 情
七上	校园礼仪：尊重老师、尊重同学、学会请教、学会商量、学会倾听、学会劝阻、学会合作、学会感恩、学会师生间的礼仪……	观看心理电影《当幸福来敲门》学习新天地发现自己友谊与成长同行交友的智慧	听法治讲座与报告：青少年违法犯罪特点常规教育：入学规范及要求	时政演讲：我关心的国家大事纪录片：《美丽中国》第1—6集
七下	家庭礼仪：做客礼仪、迎宾礼仪、待客礼仪、祝贺礼仪、邀请礼仪、服饰礼仪、上下辈之间的礼仪……	观看心理电影《叫我第一名》体悟生命价值团体心理辅导：大家来交友	观摩少年法庭庭审珍惜特殊保护	时政演讲：我们文化生活纪录片：《长征》
八上	社会礼仪：问路礼仪、乘车礼仪、购物礼仪、影剧院礼仪、邻居间的礼仪……专题：你所不知道的真相站、坐、走、用餐礼仪训练学习文明礼仪	心理剧表演：幸福的模样团体心理游戏：交往之道协调人际关系善于合作竞争	常规教育：中学生身边的法律与规范辩论赛：社会生活更需要法治还是德治	时政演讲：我们的经济生活纪录片：一带一路
八下	《弟子规——入则孝》，习礼《弟子规——出则悌》，习礼专题：礼貌是人与人之间最优美的距离	心理课及分享：合理认知团体心理辅导：我们会学习	坚持宪法至上理解权利义务崇尚法治精神	时政演讲：我们的政治生活人民当家作主
九上	与诚信同行道德实践：关注社会生活，行使监督权	学会合作生涯规划与分享	崇尚法律公民的基本权利与义务	时政演讲：我国的教育、人口和资源国情亲近社会
九下	理想与成才适应社会学好《弟子规》，做好中国人	团体心理辅导：情绪调节考前情绪调节	依法治国公民的政治权利	时政演讲：社会的发展与趋势情系祖国走向明天

学科课程实施 ——————————————————————————

舒展真实自然的生命

学科课程的实施,以社会主义核心价值体系为导向,坚持正确的政治方向,遵循初中学生身心发展和思想品德形成与发展的规律。课程评价,以课程目标和课程内容为依据,体现学科评价特点,收集学生学习的完整信息,客观评价学生的思想道德状况。教师要总结与反思评价结果,改进教学,进而更好地实现课程目标。

一、建构"纯美课堂",落实学科基础课程

纯美课堂是追求本真的课堂。课堂以学生生活实际为主线,培养学生主动学习、善于思考、大胆质疑的学习品质,浸润浓厚的文化气息,回归教学本真,追求真实、朴实、扎实的课堂本色和简约、灵动、高效的课堂境界,营造和谐的学习氛围。

(一)"纯美课堂"的建构

"纯美课堂"的建构以落实立德树人、促进学生核心素养发展为目标,遵循教育教学规律,主要从以下几方面入手。

1. 教学目标饱满

将"知识与技能"、"过程与方法"、"情感态度与价值观"三维教学目标整合优化,使教学目标更贴近学生需求、教学要求与教学条件。结合相关教学内容,针对学生的实际状况,确定课堂教学中提高学生思想品德和思想政治素质的具体教育要求,对学生的情感态度和价值观进行有效的引导和熏陶。

2. 教学内容丰富

面向丰富多彩的社会生活,以学生健康成长需要处理的主要关系为线索,善于开发和利用初中学生已有的生活经验,将道德、心理健康、法律、国情等内容进行有机整合、科学设计,为学生的思想道德成长服务。

3. 教学过程立体

善于利用并创设丰富的教育情境,引导和帮助学生通过亲身经历与感悟,在获得情感体验的同时,深化思想认识。善于为学生提供直接参与实践的机会,提高他们道德践行的能力。

4. 教学方法灵动

采用启发式、参与式、讨论式、互动式和体验性学习、研究性学习等教学方式,促使学生自主学习、自主思考,促使教学互动、合作探究。注重情感体验和道德实践,丰富教学内容和形式。

5. 教学评价多元

从教师的维度看,可以从教学理念、教学目标、教学内容、教学过程、教学资源、教学技艺等方面着手进行评价;从学生的维度看,可以从学习方式、课堂参与、思维品质、情意态度、学习效果等方面进行观察评价。此外,综合运用课堂学习、实践活动和笔试评价以及成长记录档案、活动表现评价等多种评价载体,采取量化评价和质性评价、形成性评价和终结性评价相结合的办法进行综合评价。

6. 教学文化纯粹

道德与法治课程是以引导和促进初中学生思想品德发展为根本目的的综合性课程,是德育的显性课程,是对学生进行立德树人教育的主阵地。通过本课程的学习,帮助学生提高道德素质,形成健康的心理品质,树立法律意识,增强社会责任感和社会实践能力,逐步形成正确的世界观、人生观和价值观,为使学生成为有理想、有道德、有文化、有纪律的好公民奠定基础。

(二)"纯美课堂"的评价标准

基于"纯美课堂"的建构要素,道德与法治教研组制订了以下评价标准:

一级指标	二　级　指　标	赋分 （总分100分）
教学目标 饱满	1. 目标明确、具体、全面、适度,符合课标的规定和学生的实际。 2. 三维目标有机统一:以相关知识为支撑,关注引导学生情感态度价值观的形成,注重培养和提高学生的思维能力、价值判断能力、参与能力和社会实践能力。	10
教学内容 丰富	1. 正确理解和把握教学内容,以学生的生活逻辑为主线,遵循教学规律和问题解决的思路安排教学内容层次。 2. 注意从学生生活和社会现实生活中科学合理地选取相关教学资源,充分体现思想品德课应有的教育价值;教学内容与时俱进,充分体现课程的时代性特点。	20
教学过程 立体	1. 遵循认知规律,突出体验感悟过程,为学生提供平等参与的机会,形成师生、生生互动的课堂;不同层次的学生在参与中都有收获。 2. 教学活动进展科学有序、自然流畅,教学环节紧凑,突出重点,突破难点,教法灵活得当,对教学进度、教学安排进行及时调整,驾驭课堂游刃有余。	20
教学方法 灵动	1. 教学方法的选择有利于课堂教学目标的实现。 2. 努力为学生提供动手实践、自主探索、独立思考、合作交流的空间。	20
教学评价 多元	1. 通过课堂教学过程评价,引导、调控教学活动。 2. 采用多样化的、个性化的评价方式激励学生的学习兴趣和自信心,引导学生创新与实践。	15
教学文化 纯粹	1. 不同层次的学生在情感、态度、价值观等方面都有一定的提升。 2. 学生有积极主动的情感反映,形成正确的价值取向,有较强的问题意识和探究意识。	15

二、建设"纯美学科",落实学科拓展课程

开展主题活动,在主题活动中进行道德与法治课程的整合探索和课堂内外实践活动的拓展性研究,让学生在拓展课程中感悟生命的纯粹美好。

（一）"纯美学科"的建设路径

加强学科课程建设,形成"1+X"学科课程群。1是指道德与法治学科基础课程,X

是指学科延伸课程。

国学大讲堂：着力培养学生传统文化素养，了解《弟子规》文本内容和中华传统文化中"孝悌忠信、礼义廉耻"的精神内涵，树立正确的价值观。能够在生活中力行《弟子规》，养成良好的行为习惯。懂得用慎独、反省等方法，提升自身人格修养，做一个有道德的人。

文明礼仪教育：依据《中小学生守则》、《中学生日常行为规范》，以提高学生文明素质、思想道德修养为目的，开设文明礼仪教育课程。追溯中国传统礼仪的起源和发展，探讨礼仪的原则和特征、功能和作用，探究礼仪文化；了解校园礼仪、家庭礼仪、社会礼仪，在学生养成文明习惯的基础上，进一步培养学生热心参与社交活动、与人友好交往的能力。

团体心理辅导：结合初中生的身心发展特点和我校校情，开设团体心理辅导课程。在团体情境下，体验心理游戏的乐趣，感悟心理游戏的智慧，收获心理品质的提升，帮助学生建立正确的认知观念与健康的态度行为，形成健全的心理和人格。

（二）"纯美学科"的评价要求

为保证"纯美学科"持续健康发展，道德与法治教研组制订了相应评价标准。

1. 评价原则

科学性原则。运用科学的评价方法评价课程，提高评价的有效度和可信度。

可操作性原则。评价方法简单可行，可操作性强。

全面性原则。既考虑教师课程目标的实施情况，又考虑学生能力的提高水平。

2. 评价内容

课程设置：课程目标合理清晰；内容选择既适合学生认知水平、多学科综合，又彰显学校特色；教学设计符合学生年龄特征和认知规律。

课程实施：教师制订学期实施计划，撰写课时教学计划；按课程安排上课，达到规定的课时与教学目标；教师保存相关活动资料；学校通过听课、查阅资料、问卷等形式，对教师进行考核。

学生学业成绩评价：对学生的评价主要是发展性评价。一看学生在学习过程中的表现,如情感态度价值观、积极性、参与状况等,可分为"优秀、良好、一般、较差"记录在案,作为"优秀学生"评比条件。二看学生学习的成果,学生成果可通过实践操作、作品鉴定、竞赛、评比、汇报演出等形式展示,成绩优秀者可将其成果记入学籍档案内。

三、搭建"纯美舞台",落实活动体验课程

搭建"纯美舞台",注重与社会实践的联系,落实活动体验课程,引导学生自主参与丰富多样的活动,在认识、体验与践行中促进正确思想观念和良好道德品质的形成和发展。

(一)"纯美舞台"的主要类型

其一,职业体验。组织学生走进江苏城建、常技师、常州旅商等职业技术学校进行劳动技能锻炼,走进市青少年活动中心开展综合实践课程,培养学生的劳动与技术素养。深入医院、政法、企业、环保等部门开展职业体验。

其二,研学雅行。组织学生到红色教育基地体验,探访浙大、北大、清华以及美、英著名高校,培养中华情怀、国际视野。

其三,中华寻美。围绕"二十四节气"、"中华传统文化"、"家乡民俗"等,学生自主选题,自主开展研究性学习,培养实践能力。

(二)"纯美舞台"的评价要求

通过建立学生学习过程档案和收集学生学习成果的方法,以定性为主量化为辅、自评与他评相结合的多维评价方式,对学生参与综合实践活动过程中的学习态度、合作精神、探究精神、学习能力、收获与反思进行评价。为了体现评价方式多样化,可以将以下几种评价方式结合起来。

第一,档案袋评价。建立活动档案袋,包括活动计划、活动记录、出勤登记表、调查记录表、学习体会、日记等与活动有关的文字、图片、音像资料,作为成绩评价的主要依据。

第二,即时性评价。通过日常观察,抓住教学契机,对学生的表现给予及时、准确

而富有个性的即时评价。

第三,展示性评价。通过撰写小论文、调查报告、活动过程陈述汇报等形式开展成果展示评价。

第四,评选性评价。建立星级少年评价机制,开展星级少年评选活动,树立先进典型,让学生学有榜样。

四、创设"纯美社团",落实兴趣爱好课程

创设"纯美社团",把学生共同的兴趣、爱好充分地调动起来,指导学生开展多种形式的,融思想性、知识性、趣味性于一体的活动,帮助学生陶冶情操、锻炼能力,提升综合素质。

（一）"纯美社团"的主要类型

根据道德与法治学科特点,为拓宽教学内容,提高学生的道德素养、法治观念、国际视野,促进学生全面发展,开设以下几个社团。

义工社:志愿者利用寒暑假、节假日走进社区、敬老院、福利院,关爱空巢老人和弱势群体,帮困扶贫,奉献爱心;积极参与交通文明岗执勤,关注交通安全。

法学社:组织模拟法庭,传播法治观念,弘扬法理精神;开展法治文艺活动,营造学法用法守法的浓厚氛围;自制普法小报,走进社区,向居民宣传法律知识。

模拟联合国:参加模拟联合国活动,锻炼批判性思维,增强语言表达能力,提升国际理解力,提高学术深入探究意识,拓展朋友圈。

（二）"纯美社团"的评价要求

为进一步规范"纯美社团"活动,加强对"纯美社团"的管理与指导,促进健康发展,特制订相应评价标准。

组织建设方面:社团有规范的规章制度和目的宗旨,有明确具体的年度活动目标、科学合理的行动计划。

活动开展方面:活动方案规范细致,可操作性强;活动过程详细具体;学期结束有

活动反思或小结。社团活动过程中,教师能进行有效的指导,帮助学生发展特长。

学生活动方面:学生积极主动参与,生生合作、师生互动良好,有较多的体验和感受。

教师指导方面:教师工作能力强,能对社团进行有效的指导,帮助学生发展。

活动成效方面:学生活动自主性强,满意度高,学生得到充分的锻炼,活动在校园网上有宣传或活动有成果。

总之,"教育,让生活更美好"是我们秉承的价值理念。美好,源于内心对真善美的感受。道德与法治课程,应该成为学生心灵的守护者,将善良、感恩、内省、责任等美好的种子播撒进学生心田,塑造学生的德性和健康人格,培养纯粹的人。让我们的课堂变得纯粹、美好,成为师生共同的精神家园,是我们学科建设追求的目标。

(执笔人:李锁芳、周颖、沈亚琴、郭旻昱)

第七章　以本真状态探求历史的本来面貌

李大钊说:"凡学都所以求真,而历史为尤然。"从现实情境走近历史,了解历史史实;从生活视角走进历史,体验历史过程;从理性思考走出历史,还原历史真相,这就是"本真历史"的镜像。历史课程贵在让历史与现实情景交融,让学生以本真状态探求历史的本来面貌。

⊕ 学科课程哲学
　　激发本真思维和情感

⊕ 学科课程目标
　　进入本真的学习状态

⊕ 学科课程框架
　　让历史与现实情景交融

⊕ 学科课程实施
　　让现实生活映照历史

随着新课程改革的不断深入,常州市第二十四中学历史教研组以《义务教育历史课程标准(2011年版)》理念为准绳,以深化课堂改革为契机,以历史新教材教法研究为依据,转变教师的教学观念和教学行为。目前,历史学科教研组共有教师7人,其中高级教师3人。师资队伍优良,结构合理,拥有常州市教学能手1名,教坛新秀2名,4名教师在常州市评优课或基本功大赛中获奖。现依据教育部《关于深化课程改革落实立德树人根本任务的意见》文件精神,制订我校历史学科课程建设方案。

学科课程哲学

激发本真思维和情感

一、学科价值观

历史是研究人类历史进程的学科,是在一定的历史观指导下对人类历史的叙述和阐释。历史研究是人文社会科学的重要基础,重视历史、研究历史、借鉴历史,可以使人类增长智慧,更好地了解昨天、把握今天、开创明天。历史是人类文化的重要组成部分,在传承人类文明的共同遗产、提高公民文化素质等方面起着不可替代的重要作用。探寻历史真相,掌握历史规律,从历史中汲取经验教训,顺应历史发展趋势,是历史的重要社会功能。

基于这种认识,我们认为,历史课程的核心价值是进一步拓展学生历史视野,发展历史思维,提高历史学科核心素养,让学生能够从历史发展的角度理解并认同社会主义核心价值观和中华优秀传统文化,认识并弘扬以爱国主义为核心的民族精神和以改革创新为核心的时代精神,树立正确的世界观、人生观和价值观,为未来的学习、工作与生活打下基础。

李大钊说:"凡学都所以求真,而历史为尤然。"(《史学要论》)历史课堂要引导学生坚持正确的历史观,就是要以史为鉴、面向未来。

二、学科理念

依据《义务教育历史课程标准(2011 年版)》文件精神,结合我校历史学科实际情

况，我们将我校历史学科的理念定义为"本真历史"。本真即本源、真相、本来的面貌。历史是客观的事实和真实的生活。本真历史是从现实情境走近历史，了解历史史实；从生活视角走进历史，体验历史过程；从理性思考走出历史，还原历史真相。

以学情为起点，走近本真历史。历史学科不乏"教授"，仿佛从远古走来，高高在上，生硬地灌输着一个个与学生不很相干的时间、人物和事件，课堂充满着被动和无奈。要走出如此困窘，必须从学情出发，学情即现实的本真，是学生已有的知识、正处的环境和当时的心理，是课堂学习的"最近发展区"。教师应以学情为起点，顺水推舟，使学生在不知不觉中走近历史，也使历史在不知不觉中渗透、浸润、感染学生。

以生活为视角，走进本真历史。历史，从本质上看，就是曾经的生活。学习历史就是对特定时空背景下人和事的回访和重现，只有换位思考、用心体会，才能透过时间、人物、事件，看到背后的因果缘由，才能体会偶然背后的必然。历史学科需要接"地气"，近生活。将历史的情境平移到生活中，尝试从当时的环境出发，用生活化的设问，以生活化的视角，走进历史人物的内心，体验人物心理。

以理性为支撑，走出本真历史。历史是客观的事实，真实是历史的生命，任何人都必须敬畏和尊重历史。我们走进历史是为了了解历史的真相，不可以用自己的主观臆想任意揣摩。走进历史后更需要走出历史，将某一史实放在大背景下，从不同的角度，纵横联系，全面思考，理性分析，形成对史的意义建构，形成正确的史论和史观。

总之，历史并不遥远，历史就在眼前；历史也不孤高，历史就是生活。"本真历史"贵在历史与现实的情景交融，能够激发学生的本真思维和本能情感，探求历史的本来面貌，使历史课堂进入本真的学习状态。

学科课程目标

进入本真的学习状态

《义务教育历史课程标准（2011年版）》要求，通过历史课程教学，学生能够掌握中外历史基本知识，对人类历史产生认知兴趣，感悟中华文明的历史价值和现实意义，养成爱国主义情感，开拓观察世界的视野，认识世界历史发展的总体趋势。

一、学科课程总目标

依据《课程标准》的目标，我校历史学科目标具体落实到以下四个方面。

（一）年代的思考

年代的思考是历史推理、论证的核心。没有强烈的年代感，即事件是何时以什么顺序来发生的，学生就不可能解释清历史事件的因果关系。年代为梳理、组织历史知识提供了心智框架。

（二）历史的理解

为了能理解历史故事、自传、传记和历史叙述，学生必须发展他们的想象阅读能力，以此去解释历史叙述所涉及的人性——他们的动机、意图、希望、疑虑、恐惧、优点和缺点。理解历史叙述也要求学生逐渐形成以自己的方式描述过去的能力，并提出历史观点。通过对过去的文学、日记、信件、争论、艺术和历史人造物品的学习，学会避免以今度古，即不是以现代的标准和价值观来判断过去，而是通过事件揭示的历史前后关系来判断。

（三）历史的分析和阐释

历史通常被认为是过去所发生的一切。历史教科书不仅应被视为历史学家关于过去发生了什么的对话，而且应被视为为什么会发生、如何发生的、是怎样影响其他事件的、在历史中应当占有什么地位的对话。学习历史不仅要求得到各种答案，更重要的是基于可获得的资料去理解、评估各种争论并尝试着得出有用的结论。

（四）历史研究能力

历史思考的任何方面都不如历史研究能促进学生的成长。在与历史文献、历史见证人、有关信件日记、历史人造物品、照片、历史遗址、口授历史资料的接触中，学生往往能够形成探究历史的意愿与能力。尤其当他们接触了内容丰富且说法不同的历史文献，或者历史文献带给他们对事件有着相反看法的人的完全不同的兴趣、信仰、关心时，这种有价值的探究历史能力往往会更容易形成。

 学科课程框架

让历史与现实情景交融

根据初中历史学科课程标准、历史学科核心素养、初中学生的发展特点以及我校学生的特质，我们将"本真历史"学科课程结构设置如下。

一、学科课程结构

从课程的实质结构角度看，初中历史完整地概述了历史发展的基本脉络和线索。

从课程的形式结构角度看，初中历史包含基础性课程与拓展性课程两类。其中基础性课程主要以国家统编教材为教学媒介,不折不扣执行国家课程——通史教学,包含"课题、教时、学习目的、教学内容、概念认知、教学评价"各个元素以及这些元素之间的教学关联。拓展性课程,则依据我校师生的实际情况以及地方因素,包含"主题＋写作"。鼓励学生用"写作"的方式来学习历史,即研究某一课题并进行相关写作,这一方式不仅对培养学生的批判性思维非常重要,而且对拓展学生的知识种类、培养其社会责任感来说,也是必不可少的。

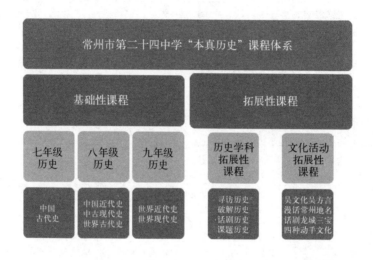

"本真历史"课程采取顺时序及主题式的教学设计,是集合传统与现代教学设计的教学模式。然而,需要注意的是,教学设计只是手段,本课程的目标是让学生认识中国历史、地方历史和中国文化、地方文化的基本元素以及训练学生认知基本的历史概念,背诵个别史实并不是课程的重点。

二、学科课程设置

今天的学生比以往的学生更需要广泛地理解历史,理解各种文化与各种文明中的人们,理解与自身完全不同的观念、机构和生活方式。通过均衡的、整体性的历史学习,学生不但能够欣赏到世界上的各种文化,而且能够感受其中共通的人性和共同的难题。长此以往,学生习惯于从他人的视角看待事物,并在研究他人的过程中更好地理解自身。更为重要的是,理解世界上各种文化的历史,有助于增进彼此之间的宽容、尊敬,这些都是我们日趋多元化而又相互依赖的社会所需要的教养。在此前提下,我校历史教研组对历史学科课程内容进行了设置,具体如下:

常州市第二十四中学历史学科课程结构及设置

类 别		基础课程	拓 展 课 程	
内 容		国家教材内容	地 方 历 史	地 方 文 化
七年级	上学期	人教版七上课本	寻访古人遗迹: 淹城遗址、圩墩遗址 破解彩陶之谜: 动手做彩陶 话剧历史人物: 常州人文始祖、春秋第一贤人季子	常州话大冒险 常州与吴方言区域的文化联系 漫话常州地名 延陵、毗陵、晋陵、兰陵、武进、常州等地名文化
	下学期	人教版七下课本	寻访古巷历史: 青果巷、化龙巷、篦箕巷 话剧名人趣事: 苏东坡、洪亮吉、段玉裁、赵翼	话剧龙城三宝 梳篦、青竹刻、乱针绣的前世今生
八年级	上学期	北师大版八上课本	寻访名人故居: 瞿秋白、恽代英、张太雷(常州三杰);洪亮吉。	动手文化一 模拟建造民俗博物馆:杨桥庙会、柚山放灯节、常州茶莛等
	下学期	北师大版八下课本	寻访常州名胜古迹: 陈渡草堂、天宁寺、红梅阁、文笔塔、太平天国护王府、意园、舣丹亭公园	动手文化二 自制民间小吃: 蟹黄小笼包、大麻糕、虾饼、芝麻糖、萝卜干、糟扣肉、梨膏糖、百叶
九年级	上学期	北师大版九上课本	历史课题:我为国家级、省级、市级非遗传承人"立此存照"	动手文化三 巧学民间工艺: 汉画砖刻屏、根雕、金坛刻纸、周氏家庭剪纸、金坛面塑、烙画、杨桥捻纸、堆花糕团
	下学期	北师大版九下课本	历史课题:我为常州重点文物保护"出谋划策"	动手文化四 学唱传统戏剧: 锡剧、常州滑稽戏、上阮花鼓戏

学科课程实施 ——————————————————————————

让现实生活映照历史

历史课堂是培养和发展学生历史学科核心素养的基本途径。要实现基于核心素养的教学,教师须确立新的认知观、教学观和评价观,从知识本位转变为素养本位,力图将学生学习知识的过程转化为发展核心素养的过程。为此,在教学实践中,教师要将教学目标、教学内容、教学过程及教学评价等聚焦于培养和发展学生的历史学科核心素养。具体而言,包括以下几个方面。

一、建构"本真课堂",落实学科基础课程

建设符合我校历史学科实际的"本真课堂",主要包括基本要求和评价要求两个方面。

(一)"本真课堂"的基本要求

1. 创设历史情境

历史是过去的事情,学生要了解和认识历史,需要了解、感受、体会历史的真实境况和当时人们所面临的实际问题,进而理解历史和解释历史。因此,在教学过程中,教师要设法引领学生在历史情境中展开学习活动,对历史进行探究。

2. 以问题为引领

学生历史学科核心素养的发展,绝不依赖于对现成的历史结论的记忆,而是要在解决问题的过程中理解历史,在说明看法的过程中解释历史。教师应该认识到,任何一种教学方法的实施,都在一定程度上与问题的提出和解决有十分密切的关系。因

此,教师在分析教学内容的基础上,要以问题引领作为展开教学的切入点,结合教学内容的逻辑层次,设置需要在教学过程中解决的问题。

3. 史料研习教学

学生在历史学习过程中疑难问题的真正解决,不是简单地接受现成的答案,而是通过对相关史实的了解,尤其是对有价值的史料进行分析,用实证的方式对问题的要点逐一探讨,以可靠的史料作为证据来说明自己对问题的看法。因此,教师在进行教学设计时,要考虑如何构建基于史料研习的教学方式,如何在教学过程中运用史料引导学生进行探究。基于史料研习的教学,要求教师不仅要在教学中运用史料阐释历史,更重要的是设计以史料研习为基础的学生探究活动,通过活动引导学生学会搜集、整理、辨析、运用历史材料来解释历史。这就需要教师考虑到以下四点:一是明确运用史料的目的;二是选择典型的、有价值的、有说服力的史料;三是将史料的展示与问题的解决相结合;四是如何根据史料的运用组织学生的学习活动。

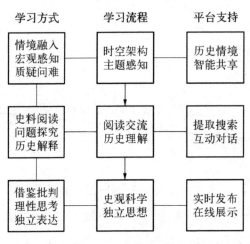

"互联网＋"历史课堂教学范式框架

4. 运用"互联网＋"

"互联网＋"历史课堂教学改变了传统教学模式下教师在课堂上讲什么,全班学生只能听什么,课本里有什么,学生只能看什么的被动学习局面。"互联网＋"历史课堂基于学习数据动态分析、学习资源搜索运用和"云端"运用的新型课堂教学、形态,是由系统(互联网平台)、人(教师和学生)及其活动等组成的课堂教学体系。这样的历史教学,承担着帮助学生"究天人之际,通古今之变"的使命。

"互联网＋"历史课堂教学范式以学生为中心,利用互联网平台,增强时空观念,解密历史问题的由来。学生通过主题感知、情景互动、史料证实、独立思想、平台展示,生成家国情怀。这种"时空架构,历史理解,独立思考"的情智课堂范式,有利于提升学生历史学科核心素养,发挥"1+1>2"的效果。

(二)"本真课堂"的评价要求

采取全方位的、动态的、多元的方式,努力建设有利于促进每个学生持续发展的科学的、合理的评价模式。

1.教学目标明确,重难点突出,三维目标清晰

教师必须明确当堂课的教学重点,包括需要重点讲解和解决的知识点、重点培养的能力,使教师的教学和学生的学习都更有针对性,使学生在每堂课上都能学有所获。教师应采用各种方法和手段对教学难点进行深入浅出的透彻的讲解。评价一堂课的重要标准是学生的表现,即学生能否在教师的组织下获得有效的学习;而衡量学生有效学习的标准是三维目标的实现程度,即历史知识目标是否完整、课题的内容是否符合学生的认知水平。

2.教学基本功扎实,驾驭课堂能力强

我们比较强调的教学基本功是:熟悉教材,脱稿讲课;语言准确精炼而有感染力,沟通协调能力突出;板书规范,字体端正;驾驭课堂和教学应变能力强。我们尤其关注语言和教态是否有亲和力。有亲和力的教学语言,能吸引学生的注意力,营造一种和谐的气氛,所以教师上课时的音量、语速要合适,语言要生动、清楚、有感染力;教态则是一种形体语言,有亲和力的教态能让学生在自然放松的状态下对所学内容产生兴趣。

3.教学过程流畅,充分体现历史学科特色和人文特色

优秀的历史课,教学思路清晰、目的性强,教学策略正确,教学内容充实,衔接自然;讲解条理清晰,明白易懂。历史教学一定要体现历史学科特有的人文关怀和爱国情感,体现"以史为鉴"的特点,能让听课的学生获得一种享受,获得人生体验。

4.构建和谐、民主、自由的生态课堂,注重教学情感交流

好的课堂应当能够为学生创设宽松和谐的学习环境,并让学生在学习过程中获得丰富的情感体验。这样的课堂以知识交流为目标,以情感交流为基础,情感交流使知识交流能够顺利开展,同时又使知识交流得到升华。

5.教学方法灵活多样,形成独特的教学风格

教师要能够根据不同的教学内容、不同学生的发展水平,选择适合他们的教学方

法,并注意多种方法的有机结合,坚持"一法为主,多法配合"。或采取启发式引导学生进行思考,或采取回顾式引导学生温故知新,或采取讨论式引导学生取长补短,或采取练习式引导学生规范和强化自己的学习。同时,我们提倡自主学习、合作学习、探究学习,充分发挥学生学习的主动性和积极性,让不同水平的学生学习同一教学内容时有不同层次的收获。

二、创建"历史实验室",落实学科拓展课程

我们设想建设"历史实验室"以展开学科拓展课程,以一个主题为一个学习单位,以两周(4节课)为一个学习周期,教师提出主题学习目标,学生利用实验室平台进行自主探究学习,阅读平台软件所提供的文字、图片及影视资料,实景体验历史、探究历史。

(一)"历史实验室"的主要内容

网络教室环境:设置局域网,保证教学过程中历史课程软件、教师端软件和课堂即时评价软件能够实现数据对传,确保网络环境的稳定。文化布局,将教室布置成符合历史特色的风格。

学习资源库建设:包括历史文献、历史场景(博物馆)、历史人物、历史地图、历史

视频、历史研究、历史器物、历史练习和历史书籍等模块。不同的教学内容可以有不同的模块,通过历史课程软件进行调用学习。

(二)"历史实验室"的评价要求

为了完成上述主题研究,学生不仅需要考察与教学内容相关的一系列历史文献、照片、艺术品,有时甚至包括家谱,而且还需要在互联网上虚拟参观许多名胜古迹、公立或私立博物馆,并最终形成口头或书面的报告。这些方式使历史学习更为贴近学生的现实生活,并且使他们从中学会重要的沟通与研究技巧,这种学习过程不仅锻炼了他们的历史思维,而且培养了他们的综合实践能力。

"历史实验室"评价计划表

主题探究任务分配	分　值	预　期　时　间
选择题目	5	第1周(第1节)
寻找参考文献	10	第1周(第1节)
分析原始资料	10	第1周(第2节)
分析图表资料	10	第1周(第2节)
列出简介、论点、详细的提纲(配有主标题和各小标题)	10	第2周(第3节)
初稿(配有注释和参考书目)	30	第2周(第3节)
进行同伴评价	5	第2周(第4节)
最后的定稿	20	第2周(第4节)
	总分100	

三、建设"博雅历史社",落实兴趣爱好课程

历史不仅是对客观世界和人类社会的记载和解释,更是一种反思和探索,乃至对未来的预见。在这里,我们不仅可以讨论亚伯拉罕·林肯,还可以了解列夫·尼古拉耶维奇·托尔斯泰、查尔斯·罗伯特·达尔文、格奥尔格·威廉·弗里德里希·黑格

尔,甚至弗里德里克·弗朗索瓦·肖邦和阿尔伯特·爱因斯坦。我们一起分享历史,体味思想。

能看到多远的过去,就能看到多远的未来。博雅,渊博雅正,拉丁文原意是"适合自由人"。"博雅历史社"作为常州市第二十四中学的新兴社团,致力于交流历史,思考历史。

(一)"博雅历史社"的主要内容

博雅历史社有形式多样、内容丰富的社团活动,包括绘画历史地图,编撰历史小报,举办历史知识竞赛、百家讲坛,欣赏纪录片与历史题材影片等。每年举办历史剧剧本征集活动,以班级为单位组织雅韵悦读节。此外,历史社还将开展专题活动,加入读书报告会等新的活动形式。同时,历史社还会在课余组织同学外出参观、交流和学习。

(二)"博雅历史社"的评价要求

博雅历史社采用自我评价、学生互评和教师评价相结合的三维评价体系来考查社团成员活动情况。自我评价要求学生在学期末写出自己本学期参加社团活动的感受、收获、不足等,学生互评是在期末时投票选出优秀社团成员,教师评价则是评定社团成员的课堂表现、作业质量等。

总之,基于学生的核心素养培养,常州第二十四中历史教研组围绕历史学科五大核心素养"唯物史观、时空观念、史料实证、历史解释、家国情怀",积极建构"本真历史"学科课程,转变教学方式和学习方式。教师是课程的实施者,在课程实施过程中起着决定性作用。在核心素养背景下对历史教师课程实施水平进行评价,有利于促进教师发展。

(执笔人:徐峥)

第八章　认识生命科学的多彩本质

　　生物科学是研究生命现象和生命活动规律的一门科学。初中生物课程必须面向全体学生,致力于提高生物科学素养。我们坚信:多彩生物,让生命更精彩。因此,我们倡导生命观念、理性思维、科学探究和社会责任,让学生主动参与学习过程,提高学生对生命科学本质的认识,让生命更精彩。

⊕　学科课程哲学
　　　多彩生物,让生命更精彩

⊕　学科课程目标
　　　面向全体,提高科学素养

⊕　学科课程框架
　　　让课程变得全面而有个性

⊕　学科课程实施
　　　多维度浓郁学科课程氛围

　　常州市第二十四中学生物教研组共有教师 5 人,其中 1 人是常州市生物学科带头人,1 人是常州市生物学科骨干教师,2 人是常州市教学能手,师资结构合理。生物教研组在国家课程基础上,在七、八年级开设拓展课程"生命的印迹"、"健康新概念"。现依据《义务教育生物学课程标准(2011 年版)》,制订我校生物学课程建设方案。

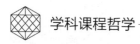

学科课程哲学

多彩生物，让生命更精彩

一、学科性质

2011 年版新课标指出，生物科学是自然科学中的基础学科之一，是研究生命现象和生命活动规律的一门科学。它是农林、医药卫生、环境保护及其他有关应用科学的基础。生物科学经历了从现象到本质、从定性到定量的发展过程，并与工程技术相结合，对社会、经济和人类生活产生越来越大的影响。生物科学有着与其他自然科学相同的性质。它不仅是一个结论丰富的知识体系，也包括了人类认识自然现象和规律的一些特有的思维方式和探究过程。生物科学的发展需要许多人的共同努力和不断探索。这些是生物学课程性质的重要决定因素。

义务教育阶段的生物学课程是自然科学领域的学科课程，其精要是展示生物科学的基本内容，反映自然科学的本质。它既要让学生获得基础的生物学知识，又要让学生领悟生物学家在研究过程中所持有的观点以及解决问题的思路和方法。生物学课程期待学生主动地参与学习过程，在亲历提出问题、获取信息、寻找证据、检验假设、发现规律等过程中习得生物学知识，养成理性思维的习惯，形成积极的科学态度，发展终身学习的能力。学习生物学课程是每个未来公民不可或缺的教育经历，其学习成果是公民素养的基本组成。义务教育阶段的生物学课程是国家统一规定的、以提高学生生物科学素养为主要目的的学科课程，是科学教育的重要领域之一。

二、学科理念

2011年版《义务教育生物学课程标准》指出，生物学课程的基本理念是"面向全体学生、提高生物科学素养、倡导探究性学习"。结合我校实际情况，教研组拟定了我校生物学课程的核心理念：多彩生物，让生命更精彩。这一理念倡导生命观念、理性思维、科学探究和社会责任，让学生主动参与学习过程，提高学生对生命科学本质的认识，让生命更精彩。

（一）多彩的生命世界

生物学是一门充满生命色彩的学科。从最遥远的远古开始，人类便开始关注周围的植物和动物，以便通过狩猎、捕鱼、耕作和饲养这些生产活动来确保他们自身的物质需求。莫里斯·考勒里说："所有这些活动，每项都给人类提供了一些生物范畴的知识。"初中生物学的知识性内容包括了解自然界中植物、动物、微生物，认识人与生物圈和谐发展的重要意义，形成生物进化的观点，树立辩证唯物主义自然观。

（二）多彩的生命教育

中学生正处于生理和心理发育的旺盛期，容易滋生心理困惑、发生心理问题。因此，帮助学生认识自己，形成珍惜生命、热爱生命的意识，帮助学生适应社会、服务社会、培养责任意识是生物学教学的重要使命。

（三）多彩的学习活动

生物学是一门以实验为基础的学科。初中学生活泼好动，易于接受新鲜事物，喜欢合作，乐于分享，因此，丰富多彩的学习活动，如观察、实验、探究、调查等，有助于激发学生的学习兴趣，培养学生的生物科学素养，提高学生对生命科学本质的认识。

（四）多彩的评价方式

评价的主要目的是全面了解学生生物学课程学习的过程和结果，激励学生学习和改进教师教学。生物学课程在实施上倡导评价方式多样化，例如设计探究性活动评价量表，对学生的科学态度和科学精神等方面进行评价；对学生进行面对面的实验操作考核；对学生的实验操作、制作设计等任务进行表现性评价；采用"档案袋"的形式记录学生的发展;期末采用书面考查的形式检测学生对核心概念、结构性知识的掌握程度。

 学科课程目标

面向全体,提高科学素养

《义务教育生物学课程标准(2011年版)》指出,通过义务教育阶段生物学课程的学习,学生将在以下几方面得到发展:获得生物学基本事实、概念、原理和规律等方面的基础知识,了解并关注这些知识在生活、生产和社会发展中的应用;初步具有生物学实验操作的基本技能、一定的科学探究和实践能力,养成科学思维的习惯;理解人与自然和谐发展的意义,提高环境保护意识;初步形成生物学基本观点、创新意识和科学态度,并为确立辩证唯物主义世界观奠定必要的基础。为了实现上述目标,着力培养具有"生命观念、理性思维、科学探究、社会责任"四大核心素养的全面发展的人,现提出我校具体的生物学学科目标。

一、学科课程总目标

生物学课程的学习成果是公民素养的基本组成。初中生物学课程旨在让学生获得基本的生物学知识,初步学会运用所学的生物学知识解决某些生产、生活或社会实际问题;学会生物科学探究的一般方法,在科学探究中发展合作能力、实践能力和创新能力;关注与生物学相关的社会问题,热爱自然、珍爱生命,树立生命观念,确立积极健康的生活态度。

第一,掌握重要概念,认识生命科学的本质。在生物课程中,生物学概念是基本内容,并且是生物学课程的核心,它让学生对生命的基本特征、规律等生物学知识有一个基本认识,为以后的生物学习打下坚实的基础。

　　第二,学习科学方法,提升科学探究能力。在自然科学学习过程中,需要运用多种科学研究方法,例如观察、调查、实验、探究、模型制作等,这些既是生物学教学的基础,也是生物学教学的基本内容,更是培养学生学好生物学的重要手段。科学探究是当代理科课程的核心内容,把科学探究引入学生的学习过程,让学生积极主动地获取科学知识、了解科学探究的一般过程、学会科学探究的一般方法。如观察日常生活、自然现象或实验现象,从中发现与生命科学相关的问题,并能通过提出问题、作出假设、调查研究、动手实验、表达与交流等探究性活动,获取知识、技能和方法。

　　第三,树立生命观念,培养核心素养。生命对于每一个生物个体而言都只有一次,生物学课程可以帮助学生认识生命的珍贵:生命具有共同性、独特性和差异性,引导学生欣赏自我的独特;人类以外的其他生物和人类一样都是生命的有机体,每种生命都有其存在的价值和意义;每个个体都要经历出生、成长、衰老和死亡,生命极其短暂和宝贵,只有珍惜生命,远离疾病,健康成长,才能诠释生命的价值。

二、学科课程年段目标

　　根据学生的认知水平、思维发展水平,逐年推进生物学课程目标。七、八、九年级分阶段实施课程目标,具体如下:

	七年级阶段目标	八年级阶段目标	九年级阶段目标
重要概念	细胞是生命活动的基本单位 细胞分裂分化形成组织 多细胞生物体的结构层次 绿色开花植物的一生 绿色植物的生活需要水和无机盐 绿色植物的光合作用和呼吸作用 绿色植物对生物圈有重大作用 人的食物来源于环境 人体生命活动的能量供给 理解人体结构与功能相适应的关系	生物与环境组成生态系统 生物圈是人类与其他生物的共同家园 动物的运动和行为 生物的生殖、发育和遗传是生命的基本特征 认识生物的多样性,形成生物进化的观点 认识和理解生物技术在现代社会中的作用 学习有关青春期生理和保健、传染病和免疫、医药常识等知识,健康地生活	

续　表

	七年级阶段目标	八年级阶段目标	九年级阶段目标
科学探究	初步了解科学探究的一般步骤	理解科学探究,发展科学探究能力	运用科学探究方法解决简单的科学问题
生命观念	生物的生存依赖一定的环境理解生物与环境关系,形成热爱大自然、爱护生物的情感,理解人与自然和谐发展的意义以及提高环境保护意识	认识自我,健康地生活,认同优生优育领悟各类生物和人类生活的关系,积极参与保护生物多样性的活动	尊重生命、关爱生命、珍惜生命

 学科课程框架

让课程变得全面而有个性

　　我校生物学科课程框架架构的依据是学校"雅慧课程"体系的构建,分为基础课程与拓展课程,基础课程是围绕课程目标开展的必修课程,拓展课程是基于基础课程的以选修形式展开的拓展性活动。

一、学科课程结构

　　根据初中生物学科课程标准、初中生物学科核心素养、初中学生的发展特点以及我校学生的特质,我校生物教研组拟定了"多彩生物"学科课程结构,包括基础课程和拓展课程两大类。基础课程包含九个主题:生物体的结构层次、生物圈中的绿色植物、生物的多样性、生物与环境、生物圈中的人、生物的生殖发育与遗传、动物的运动和行为、生

物技术、健康地生活;拓展课程是围绕基础课程展开的一系列活动课程,其结构如下:

二、学科课程设置

生物学学科课程针对不同的年级开展相应的活动,通过基础课程实现学生基本生物学素养的培养,通过拓展课程实现学生探究能力的提升、创新精神和创新能力的培养。初中三个年级分阶段的课程设置见下表。

内容		基础课程	拓展课程	
			课 内	课 外
七年级	上学期	生物圈中的绿色植物	1. 探究一种因素对某种生物的影响 2. 练习使用显微镜 3. 制作叶脉书签	1. 观察植物的一生 2. 制作细胞模型
	下学期	生物圈中的人	1. 果蔬中 VC 的鉴定 2. 食物中还原糖的测定 3. 测定种子中的能量 4. 测定肺活量 5. 测量血压 6. 器官、系统模型制作	1. 制作一日营养食谱 2. 测定 24 小时尿量 3. 探究影响尿量的因素

续　表

内容		基础课程	拓展课程	
			课内	课外
八年级	上学期	生物的多样性 生命的起源和进化 动物的运动和行为 生物与环境	1. 校园植物识别与种类调查 2. 观察一滴水中的生物 3. 探究鸡翅的结构与运动的关系 4. 探究鱼类适应水中生活的特征	1. 观察动物的行为 2. 制作生态瓶 3. 探究动物的绕道取食行为
	下学期	生物的生殖和发育 生物的遗传和变异 生物技术 健康地生活	1. 探究酒精对水蚤心率的影响 2. 模拟急救 3. DNA 粗提取 4. 制作酸奶 5. 植物的扦插和嫁接技术	1. 饲养一种节肢动物 2. 制作发酵食品 3. 酿制米酒
九年级				生物探究性学习小组

 学科课程实施

多维度浓郁学科课程氛围

　　生物学课程目标涵盖的生物学知识与技能、能力与方法以及情感态度与价值观等方面的基本要求，是要通过每节课或每项活动来逐步完成的。为此，生物学课程从建构"多彩课堂"、建设"多彩学科"、建设"多彩社团"、创设"多彩生物节"等方面进行实施。

一、建构"多彩课堂",推进学科基础课程

生物学的研究对象是有生命的物体,因此课堂教学充满生命色彩。课堂上,教师可以采用观察、实验、探究、游戏、演讲等形式多样的活动激发学生主动学习的动力,培养学生的科学的思维方式,培养学生的生物学素养。

（一）"多彩课堂"的建构

1. 创设良好的情境,激发学生兴趣

生物教学中的情境创设方法多样。利用热点新闻、广告等引起学生注意,如青蒿素发现者屠呦呦获诺贝尔奖、转基因食品的利与弊、食品安全问题等,能有效引起学生对新知识的关注。利用实验等活动激发学生兴趣,如观察蚯蚓,饲养家蚕,测定呼出气体成分体积的变化,观察发酵现象等,启发学生思维,激发学生主动学习。

2. 设计有效的活动,转变学生学习方式

生物学是一门以实验为基础的学科,有观察、实验、探究、饲养、栽培等丰富的多样化的有生物学科特色的活动形式。生物课堂中有效的活动教学设计能为学生创造愉快的学习氛围,激发学生的学习兴趣和动机,为学生个性的发展提供广阔的空间。在课堂教学中,教师还可以提供游戏、演讲、视频观看、社会热点问题辩论等各种各样的活动,使学生在活动中与现实世界直接互动。

3. 提高探究性实验指导的有效性

在探究性实验教学过程中,教师主导着整个教学活动的进行,起着组织者和管理者的作用。如何选择最优化的教学策略和教学方法,在有限的教学时间内开展高质量探究性实验教学,是提高探究性实验指导有效性的关键。学生在实验过程中,由于知识和能力的局限性,一旦缺乏教师的有效指导,往往会陷入误区,徒劳无功,最终失去实验的积极性。因此,提高探究性实验指导的有效性尤为重要。

（二）"多彩课堂"的评价标准

"多彩课堂"的评价,是以课程标准为依据,运用可操作的科学手段,收集有关课堂

教学的信息,为评价者的自我完善和有关部门的决策提供依据。

评价维度	评 价 指 标	评定等级
教学目标	符合学科课程标准和教材的基本要求,目标制订明确、具体、多元化。	
教学内容	形成合理的知识结构,突出重点,难易适度,联系学生生活和社会实际。	
教学活动	围绕目标创设灵活的有助于学生学习的教学情境,营造良好的学习氛围。 教师善于引导学生主动学习、合作学习,指导具有针对性、启发性、实效性。 学生认真参与学习活动,积极思维,主动表达自己的观点。	
教学方法	根据教学实际选用恰当的教法,为学生的学习设计提供合理的学习资源。 学生有一定的学习方法,形成解决问题的策略。	
教学评价	学生和教师积极参与评价活动,能对学习过程进行反思。 学生在知识与技能、能力与方法、情感态度与价值观等方面都得到相应的发展。	
教师素质	尊重学生,教学民主,师生关系和谐;正确把握学科的知识、思想和方法,重视教学资源的开发与整合;有较强的组织和协调能力,进行教学改革,教学方法灵活,富有艺术性,有独特良好的教学风格;语言和文字功底好。	

二、建设"多彩学科",开发学科拓展课程

"多彩学科"指基础学科课程和拓展学科课程共同发展,即"1＋X学科课程群"。基础课程强调学科基础知识,拓展课程主要是指与生物学课程内容相关的研究性学习、专题教育,是基础课程的延伸、应用和整合,旨在激发学生兴趣,拓展学生知识面,发展学生核心素养。

(一)"多彩学科"的建设路径

1. 高效完成基础课程

依据《义务教育生物学课程标准(2011年版)》,在七、八年级实施基础课程。七年

级完成生物体的结构层次、生物与环境、生物圈中的绿色植物、生物圈中的人四个主题的教学；八年级完成动物的运动和行为，生物生殖、发育与遗传，生物的多样性，生物技术，健康地生活五个主题的教学。科学探究既是教学内容也是学习方式，贯穿整个教学过程。

2. 提供丰富的生物选修课程，创建"1＋X学科课程群"

根据新课改的要求，结合学校的办学特色和教师的教学风格，生物教研组充分挖掘教师的潜力，开发和开设丰富的选修课程供学生选择，满足不同学生的发展需求，为学生的个性化发展创造条件。例如在七年级开设"显微观察"、"生命的印迹"、"模型制作"等课程；在八年级开设"营养新概念"、"生活与健康"等课程。充分利用常州市红梅公园等大型开放性公园，将其作为生物学课程的资源，有计划有组织地安排学生进行长期或短期的调查、观察等活动，激发学生学习兴趣，提高教学质量。

（二）"多彩学科"的评价要求

"多彩课堂"不同于传统课堂，它强调课堂上的互动性，强调生活化和以人为本。与此相应，"多彩学科"的评价要求体现在以下三个方面。

1. 生态性

生态性体现在活动教学的课堂是师生互动、生生互动、人机互动的过程，体现在情境创设、问题启智、归纳促悟的思维发展上，体现在预设与生成、动与静、探索与交流的师生成长关系。

2. 生活性

生活性体现在知识来源于生活、应用于生活的情境创设上，体现在知识产生、发展、延续、改革的发展史上，体现在"做中学"、"学中做"的生活体验上。

3. 生命性

生命性体现在"人"，体现在充满尊敬、信任、赏识、激励、包容、理解的人文课堂，体现在具有浓郁学习情境的激励课堂，体现在满是思考与对话、探究与交流的探究性课堂。

三、建设"多彩社团"，推进兴趣爱好课程

社团活动的作用和效果往往是课堂教学所代替不了的，它既可以以课堂教学为基础，又可以完全脱离课堂教学；它是课堂教学的辅助和延伸，培养学生的兴趣爱好，提升学生的能力，开发学生的多元智能。

（一）"多彩社团"的主要内容

1. 开展趣味探究实验

现在的中学生受应试教育的影响，执着于书本知识，缺乏动手习惯与能力，而动手实验正是对学生的两个基本能力——动手能力、思维能力的全面综合训练，是培养创新型人才，改善民族素质的重要途径。

2. 开展模型制作活动

组织社团成员开展模型制作活动。学生在制作过程中，不仅可以巩固书本知识，加深对概念规律的深刻理解，更重要的是能够培养动手能力和创新精神；制作过程中的困难能磨练学生意志，成功的喜悦会激励他们不断进取，增强战胜困难的信心。

3. 设置生物科学探究站点

充分利用红梅公园、校园池塘和花园的自然资源，给学生提供观察动植物生命活动的基地；积极与科技馆、自然博物馆等科普单位建立联系，为学生深层的探究活动提供足够的实验场所。

4. 抓好科普宣传活动

鼓励学生通过各种渠道借阅科普读物，并提倡互通有无；引导学生主动了解最新生物学发展动态。充分利用学校教学区、学科教室，布置生物学教育的文化环境，如制作诺贝尔奖获得者宣传展板，制作科技创新大赛科技小论文展板等。

5. 以科技创新大赛为平台，开展生物学探究性活动

科技创新大赛是一项培养学生创新精神和探究能力的大赛，有全国赛和各个省、市赛。教师可以通过讲座和课堂宣传这项比赛，挑选对生物学兴趣浓厚、喜欢做实验

和探究的学生进行定期培训,辅导参赛学生开展探究性活动,例如挑选主题、设计方案、实验探究,并指导学生撰写科技小论文。在这些活动中,学生的自主学习能力、合作能力和科学探究能力能够得到快速提升。

(二)"多彩社团"的评价要求

评价对象	指标体系	评定标准	
		评价内容	评定等级
社团工作	组织建设	1. 章程、制度健全 2. 有专业教师负责	
	活动目标和计划	1. 有年度活动目标 2. 活动目标明确具体 3. 有实现目标的行动计划 4. 计划科学、合理且可行	
	学生活动表现	1. 工作积极主动,活动到场率高 2. 生生合作、师生互动好 3. 学生有问题意识 4. 学生有较多的体验和感受	
	指导教师表现	1. 服务意识强 2. 积极参加学校组织的培训或会议 3. 指导教师之间经常交流工作情况,工作顺利开展 4. 工作能力强	
	活动成效	1. 活动正常开展,受到社团成员的欢迎和校领导的肯定 2. 学生活动自主性高,学生得到充分的锻炼 3. 活动在校园网上有宣传或活动有成果 4. 活动在教育网或报纸杂志上有宣传报道或获市属以上级奖	
	环境建设	1. 有固定的活动场地 2. 活动场地布置适合学生的发展和社团的特点 3. 活动场地保持整洁	
	活动记录和资料保存	1. 记录及时 2. 各种记录保存完好 3. 建立社团成员活动档案袋	

续　表

评价对象	指标体系	评　定　标　准	
		评　价　内　容	评定等级
社团工作	活动安全	1. 无重大安全事故 2. 每次出校活动向学校申请批准 3. 活动安全措施到位 4. 注重培养学生的安全意识	

四、创设"多彩生物节"，浓郁学科课程氛围

结合我校生物学课程和学生的发展状况，为活跃学习氛围，提高学习兴趣，鼓励学生大胆创新，生物教研组提出举办"多彩生物节"系列活动。

（一）"多彩生物节"的主要内容

开展"生命教育周"活动，围绕教育周主题开展学生宣传海报评选。

生物学实验技能大赛。如制作并观察洋葱鳞片叶表皮细胞的临时玻片标本，酵母菌的发酵实验等。

生物科技大讲堂。如生命的旋律、屠呦呦之青蒿素等。

生物学知识竞赛活动。

珍稀动植物图片展览。

生物资源与生态环境调查。

垃圾分类知识宣传。

生物模型制作。

（二）"多彩生物节"的评价要求

评价对象	指标体系	评　价　内　容	评定等级
多彩生物节工作	组织建设	1. 章程、制度健全 2. 有专业教师负责	

续　表

评价对象	指标体系	评价内容	评定等级
多彩生物节工作	活动目标和计划	1. 有年度活动目标 2. 活动目标明确具体 3. 有实现目标的行动计划 4. 计划科学、合理且可行	
	学生活动表现	1. 积极主动,活动到场率高 2. 生生合作、师生互动好 3. 学生有问题意识 4. 学生有较多的体验和感受	
	负责教师表现	1. 服务意识强 2. 积极参加学校组织的培训或会议 3. 指导教师之间经常交流工作情况,工作顺利开展 4. 工作能力强	
	活动成效	1. 活动正常开展,受到参与学生的欢迎和校领导的肯定 2. 学生活动自主性高,学生得到充分锻炼 3. 活动在校园网上有宣传或活动有成果 4. 活动在教育网或报纸杂志上有宣传报道或获市属以上级奖	
	活动记录和资料保存	1. 记录及时 2. 各种记录保存完好	

　　总之,生物学课程通过"多彩课堂"实施基础课程,实现对学生基本生物学素养的培养;以"雅慧"选修课、"多彩社团"、"多彩生物节"为载体,实现对学生探究能力的提升、创新精神的培养。

(执笔人：戴文娟)

第九章　洞察地理与生活的内在联系

　　教育的最终目的是让学生能够创造理想的生活,能够享受幸福的生活,能够与社会和他人和谐地生活。我们以"生活地理"为核心理念,培养学生用"地理眼"观世界,运用正确的人地观念审视人类活动,最终成为对环境、对未来有强烈责任感的公民,彰显地理"立德树人"的学科价值。

✠　学科课程哲学
　　让学生用"地理眼"观世界

✠　学科课程目标
　　形成全球意识和可持续发展观念

✠　学科课程框架
　　回应地理学科核心素养的要求

✠　学科课程实施
　　搭建知识与生活的桥梁

常州市第二十四中地理教研组,拥有地理教师 4 名,其中 2 名高级教师,1 名中级教师,1 名二级教师。现依据教育部《关于深化课程改革落实立德树人根本任务的意见》、《义务教育地理课程标准(2011 年版)》、《地理教育国际宪章》等文件精神,制订我校地理学科课程建设方案。

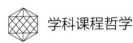

学科课程哲学

让学生用"地理眼"观世界

一、学科性质

地理学是研究地球表层自然要素与人文要素之间相互关系和作用的科学,地理学研究范围极其宽泛,上至大气圈对流层的顶部,下至岩石圈的表层,由大气圈、水圈、岩石圈、生物圈与人类(智慧)圈五大圈层构成。五个圈层系统都呈开放、综合的状态,每时每刻都与外界发生着物质、能量、信息的传递与交流。这种开放与综合的特点使得地理学科横跨自然科学与社会科学,与物理、化学、生物、历史、政治等学科相互联系,且地理学从整体上反映了人类生存的客观世界,是自然科学、社会科学和技术科学三大科学体系交叉的产物。

因此,地理学是一门兼有人文社会科学和自然科学性质的综合性学科。它既具有综合性、区域性、空间性、直观性,同时又具有极强的知识性、趣味性、实践性。地理学科兼跨文理两大领域,涉及面广,现实性强,综合程度高,它总是站在一个比其他学科更高的角度来综合分析问题,在自然科学教育与社会科学教育之间架起了一座桥梁。

二、学科理念

依据地理学科性质、《义务教育地理课程标准(2011 年版)》,我们认为,初中地理学科应以"生活地理"为核心理念,培养学生用"地理眼"观世界,运用正确的人地观念审视人类活动,最终成为对环境、对未来有强烈责任感的公民,彰显地理"立德树人"的学科价值。

(一)在生活中学地理,改变地理学习方式

根据学生的心理发展规律,联系实际安排教学内容,从学生现实生活的经历与体验出发,激发学生对地理问题的兴趣,培养地理学习能力,鼓励积极探究,使学生了解地理知识的功能与价值,形成主动学习的态度。

同时,构建基于现代信息技术的地理课程,在课程内容选择、教学方式方法改革和教学评价中,充分考虑现代信息技术的影响,在"互联网＋"时代背景下,把互联网引入地理教学,让地理教学与互联网有机结合,打造新型地理教学模式,为发展学生自主学习意识和综合思维能力创造适宜的环境。

(二)为了生活学地理,学有用的地理

地理课程要为学生提供与其生活和周围世界密切相关的地理知识,侧重基础性的地理知识和技能,增强学生的生存能力。反映全球变化形势,突出人口、资源、环境以及区域差异、国土整治、全球变化、可持续发展等内容。使地理课程不仅对学生现在的生活和学习有用,而且对他们的终身学习和发展有用。

(三)融合生活,构建开放式地理课程

地理课程要充分重视校外课程资源的开发利用,形成学校与社会、家庭密切联系,教育资源共享的开放性课程,从而拓宽学习空间,满足多样化的学习需求。建立学习结果与学习过程并重的评价机制。既要关注学习结果,也要关注学习过程以及情感、态度、行为的变化。实现评价目标多元化、评价手段多样化,形成性评价和终结性评价并举,定性评价和定量评价相结合,创设一种"发现闪光点"、"鼓励自信心"的激励性评价机制。

教学的最终目的是让学生能够创造理想的生活,能够享受幸福的生活,能够与社会和他人和谐的生活。因此,生活地理教学最终是服务于生活的。

学科课程目标

形成全球意识和可持续发展观念

　　《义务教育地理课程标准(2011年版)》指出,通过地理课程的实施,学生能够了解有关地球与地图、世界地理、中国地理和乡土地理的基本知识,了解环境与发展问题;获得基本的地理技能以及地理学习能力;具有初步的地理科学素养和人文素养,养成爱国主义情感,形成初步的全球意识和可持续发展观念。我们认为,地理课程应基于生活中的地理,帮助学生运用地理知识和原理解读生活中周遭的事物和现象,培养正确的人地观,凸显地理学科的核心素养。为此,特提出如下地理学科课程目标。

一、核心视角——区域观

　　区域概念学习是地理教育的重要载体,区域观是展开地理素养教育的视角和基础,而正确的人地观和可持续发展观是素养养成的最终目的已成共识。具体的区域教学中,需要借助一定技能对区域的自然、人文各要素进行梳理,需要通过对区域的认知来发现区域的发展问题和发展趋势,需要整合多种资源探寻区域可持续发展之路来实现和谐人地关系,这一过程恰恰是地理核心素养培养的基本步骤和集中体现。

二、思想方法——综合思维

　　综合性分析思维,是地理学的基本思维方式。地理学研究对象纷繁复杂,自然、人文等要素相互交织,在不同的区域中要素的组合和联系方式多种多样,而且地理事物和地理现象也在不断变化和演进。因此,地理学研究不能局限于研究地球表面各个要素,更重要的是把它作为统一的整体,对其进行要素综合分析、地方综合分析、时空综合分析等。学生具备了地理综合思维能力,就能多要素、多角度,而非孤立、绝对、静止地分析地理事物和现象,从而综合地观察、分析和认识我们赖以生存的地理环境,并且较全面、辩证地看待现实中的地理问题。

三、学以致用——地理实践力

地理实践力要求学生在真实的情境中运用所学知识和技能,观察、感悟和理解地理环境及人地关系状况,是学生学以致用的能力。主要表现为:第一,能够搜集和处理各种地理信息,发现问题,解决问题,具备学科精神;第二,能够独立或合作设计地理实践活动方案和计划;第三.能够设计不同的地理实践活动选择并运用恰当的地理工具和材料实现目标。

四、必备品质——科学人地观

人地观是人类对自身行动与地理环境客观关系的主观认识。地理课程最重要的学科价值是,帮助学生知晓人类的生存与幸福取决于生态平衡。人类的发展不能超过环境承载力,更不能以牺牲环境为代价,人类与地理环境应被视为一对亲密的伙伴,二者既相互依存,又相互作用。因此,要增强学生对资源、环境的保护意识,形成可持续发展观念;增强学生关心和爱护环境的社会责任感,养成良好的行为习惯。

学科课程框架

回应地理学科核心素养的要求

我校地理学科课程框架架构的依据是学校构建的"雅慧课程"体系。我们以"生活地理"为核心理念,依据《义务教育地理课程标准(2011 年版)》以及中学地理核心素养的要求,构建课程结构如下:

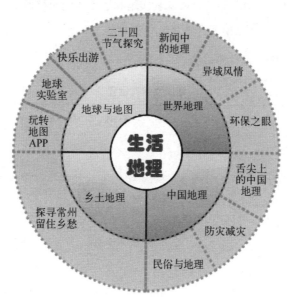

一、学年段课程设置

我校地理学科学年段课程设置以基础性课程为本,挖掘生活元素,打造基础性课程与拓展性课程的有机融合。

（一）基础性课程设置

基础性课程基于国家课程标准，以人民教育出版社出版的义务教育教科书《地理》七年级、八年级上下册为主要内容。

基础性课程设置

七年级上学期	人教版地理七年级上册	地球和地图、世界综合地理
七年级下学期	人教版地理七年级下册	世界国家地理
八年级上学期	人教版地理八年级上册	中国地理综合地理
八年级下学期	人教版地理八年级下册	中国区域地理

（二）拓展性课程的设置

我们把拓展性课程分为融合基础课程实施和独立实施两种形式，对基础性课程进行二次开发整合融入，具体切入时段及章节见下表。独立实施的拓展课程部分主要纳入学校"雅慧"选修课程或社团活动。

拓展性课程设置

	课程名称	实施形式	课程要点	实施方式
七年级	新闻中的地理	融合基础课程 切入时段：七年级下学期每节课前5分钟	内容涉及时事新闻事件，通过解读新闻事件培养学生的空间观、人地观、环境观等	演讲学习 每节课前安排一位学生，描述周遭的时事新闻，尝试用所学的地理知识原理解释（此时七年级上学期综合基础地理已学完，学生有一定的基础）
	地球实验室	融合基础课程 切入时段：七年级上册《地球和地图》章节等	制作地球仪、等高线模型，测量太阳高度变化，测量学校等	实作学习、探究学习 指导学生制作模型过程中探究知识原理

续　表

	课程名称	实施形式	课程要点	实施方式
七年级	二十四节气探究	融合基础课程 切入时段: 1. 教材七年级上册《地球的运动》章节 2. 在每个节气到来前后,按节气时间点及时开展课程内容	探究二十四节气的天文、物候、农业生产、风俗文化等	搜索学习、探究学习 指导学生探究节气日的由来,对农业生产的指导意义,以及物候、风俗方面的内容 1. 制作探究小报展评 2. 制作PPT以便各节气日时在学校大屏展示
	玩转地图APP	融合基础课程 切入时段: 教材七年级上册《地球和地图》章节	多种软件运用,通过google earth、百度地图、秒懂地理等地图APP展示探究难点	搜索学习、探究学习、实作学习 1. 指导学生运用信息技术手段探究知识难点 2. 学会用信息技术手段解决生活中的问题
	NBA球队队名与地理的关系	融合基础课程 切入时段: 教材七年级下册《美国》章节	美国NBA篮球全联盟共30个球队,其队名各具特色,其中不少与球队所在城市的地理环境、经济特征、人文历史联系密切。探究这些球队队名的由来,如:迈阿密热火队,迈阿密位于佛罗里达州最南端,紧靠北回归线,西临墨西哥湾,属于亚热带季风性湿润气候,四季温暖宜人,是美国著名的旅游胜地。"热火"正是当地气候特征的生动描述	搜索学习、探究学习,分享学习 指导学生搜索资料,读图判断、探究NBA球队队名与地理的关系,相互分享
	地球探秘	独立实施 纳入每周"雅慧"选修校本课程(共10课时)	内容涉及地球的起源、黄金之谜、美国的冰川时代以及死亡谷、西伯利亚地盾、珠穆朗玛峰、科罗拉多大峡谷、太平洋火圈、洛基山脉、维苏威火山的成因等	影视学习、探究学习 根据学生的程度和需求合理选择相关视频,进行剪辑,做好观影前的准备活动;让学生明确观影过程中的任务,围绕任务探究学习

续　表

	课程名称	实　施　形　式	课　程　要　点	实　施　方　式
七年级	快乐出游(一)	独立实施 纳入每周"雅慧"选修校本课程(共 10 课时)	1. 欣赏各地旅游资源 2. 了解旅游常识：如出发前整理行囊的诀窍；野外旅游注意事项；被蝎、蜂、蛇咬伤的处理办法；旅途中保持身体健康的秘诀；旅途中遇险转危为安的方法；旅游如何省钱；如何选择旅行社；如何规避欺诈行为；随团旅游如何维护自己的合法权益，等等	影视学习、围坐学习 1. 选择符合学生兴趣的不同类型的自然、人文景观进行欣赏 2. 探讨了解旅游常识 3. 组织金牌导游比赛
	发现常州(一)	独立实施 利用寒暑假走访、搜索资料	主题：探寻常州　留住乡愁 1. 常州非物质文化 2. 常州传统美食 3. 常州文化名人故居 4. 常州民俗	行走学习、搜索学习、探究学习 走访调查，上网搜索资料，探究学习 成果：制作小报、演示文稿、小视频、小论文等
八年级	防灾减灾	融合基础课程 切入时段： 八年级教材《自然灾害》章节 (对教材二次开发整合，由授课内容改为学生探究活动课程)	探究自然灾害发生的原因及其防治措施：地震、火山、海啸、泥石流、滑坡、台风、龙卷风、飓风、寒潮、厄尔尼诺现象、拉尼娜现象、沙尘暴、温室效应、臭氧空洞、PM2.5 等	搜索学习、探究学习、演讲学习 1. 分小组，每组 4—5人，每组选一个课题做研究 2. 每组合作制作一份演讲稿 3. 任务布置两周后的每节课前安排一个探究组演讲汇报成果(大约 6 周)
	民族文化	融合基础课程 教材内容切入点： 八年级国家课程《中国的民族》章节 (对教材二次开发，由	针对人口在 500 万以上的壮族、满族、回族、苗族、维吾尔族、彝族、土家族、蒙古族等进行探究，研究其分布、风俗以	搜索学习、探究学习、演讲学习 1. 分小组，每组 4—5人，每组选一个民族探究

续　表

	课程名称	实　施　形　式	课　程　要　点	实　施　方　式
八年级	民族文化	授课内容改为学生探究活动课程）结合学校弘扬民族精神主题活动	及与自然环境的关系	2. 每组合作制作一份演讲稿 3. 任务布置一周后的每节课前安排一个探究组演讲汇报成果（大约6周）
	舌尖上的中国地理	独立实施 纳入每周"雅慧"选修校本课程（共10课时）	通过美食的多个侧面，感受食物给人们生活带来的仪式、伦理、趣味等方面的文化特质，了解与食物相关、构成美食特有气质的一系列元素，了解饮食文化的精致和源远流长；探索每一种食材、每一种制作工艺背后蕴含着的丰富的文化信息，土地上人与人之间、人与大自然之间的和谐美好的关系	探究学习、影视学习、围坐学习 1. 探究中外饮食文化差异及原因 2. 探究中国八大菜系与地理环境关系（力求内容贴近生活，如四川人为什么爱吃辣？因为气候潮湿等） 3. 各人美食体验、见闻分享 4. 制作美食地图 5. 每人学做一个菜，通过PPT或微视频展示
	快乐出游（二）	独立实施 纳入每周"雅慧"校本课程（共10课时）	设计旅游路线 制订旅游攻略 分享旅游经历	围坐学习、行走学习 分享旅游经历 学习制作旅游攻略
	发现常州（二）	独立实施 利用寒暑假走访、搜索资料	主题：龙城魂　常州梦 1. 常州突出的工业、高科技产业 2. 常州的现代化农业（无土栽培、绿色生态农业、立体农业、大型农场等） 3. 常州的特色旅游景区 4. 常州现代化立体化交通（高铁、高速、航空、水运、高架、地铁等）	行走学习、搜索学习、探究学习 走访调查，上网搜索资料，探究学习 成果：制作小报、演示文稿、小视频、小论文等

学科课程实施 ——————————————————————

搭建知识与生活的桥梁

地理学课程目标涵盖的地理学知识与技能、能力与方法以及情感态度与价值观等方面的基本要求,是要通过每节课或每项活动来逐步完成的。为此,地理课程从构建"生活课堂"、建设"生活地理"课程、建设"生活地理社团"、创设地理节等方面进行实施。

一、构建"生活课堂",落实学科基础课程

生活是教育的基础。构建生活化的地理课堂,即在地理课堂教学中,灵活处理教材和教学内容,搭建书本与生活之间的桥梁,使地理教学内容与学生生活经验紧密联系。通过构建"生活课堂",落实学科基础课程,提升学生地理学科核心素养。

（一）"生活课堂"的特征

"生活课堂",引导学生用"地理眼"去审视世界,去理解、分析生活中的现象。教师在课堂上应联系生活实际,创设问题情境,引导学生运用地理学科学习方法,化解疑问,提升认识。为此,我们构建"生活课堂",最终指向落实在地理学科核心能力的提升、核心素养的培养。

1. 教学资源生活化

教学资源的生活化是学习对生活有用的地理的关键,教师所教授的内容要与学生的现实生活产生碰撞,从而将教学内容与现实生活有效衔接。首先,可以利用生活经

验进行教学。学生的亲眼所见,有助于理解抽象的地理知识,如用登山的感受,理解不同海拔气温的差异。其次,还可以利用相关学科知识进行教学。如讲"地球的运动"一节时,引用毛泽东诗句"坐地日行八万里,巡天遥看一千河"。

2. 任务驱动型的体验学习

地理教材中的内容大多同自然界息息相关,同日常生活紧密相连,把课程资源由教材向外部环境转移,让知识深度、广度、长度得到扩展延伸,让学生对地理学科的认知形成另一种独特的体验、感受和理解。

(1)充分利用社会资源

如学习"水资源"一节时,带领学生参观常州污水处理厂,了解污水乱排放的危害、处理污水的环节和技术,增强其珍惜水资源、节约水资源和保护环境的意识。

(2)利用综合实践活动

在组织外出实践活动前,根据活动目的地的环境特点设置学习任务。如组织野外观察,观察山地地形、溶洞特征,辨识什么是山脊、山谷、鞍部、陡崖,并理解这些山体各部位等高线在图上的走向;考察溶洞、地下河以及石钟乳等。这样的体验性学习有利于学生内化地理知识原理。

3. 布置生活化的作业

课后作业应尽量贴近生活,如观察月食、日食变化,寻觅新闻中的地理,收集节水小措施等,这些作业不仅可以加深学生对所学知识的理解,同时也可以使学生意识到他们正在学习的地理知识的价值,从而体验到学习的乐趣。

4. 教学语言生活化

地理教材中有许多地理知识不容易理解,需要教师在教学中用通俗、有趣的语言来引导学生展开思考,从而使他们正确理解地理事物的特点。在保证课堂语言的科学性的基础上,教师应尽量用生活化的语言去阐述科学原理,这会使课堂更加生动、有趣,使学生的学习更加轻松、高效。

5. 聚焦地理学科学习方法

"生活课堂"的教学素材虽源于学生的生活世界,但必须是经过教师提炼的、贴近课程标准的案例或实验等,即高于生活世界的地理教学。教学需要有科学的地理方法作支撑,从而完成对知识的再认识、再创造的过程。

(1)表达世界:地图思想与地图方法

《义务教育地理课程标准(2011年版)》中有许多"内容标准"都是"运用地图"让学生获得地理知识,充分运用图式进行中学地理教学,这是地理教学独特的风格和特色。为了让学生通过观察地图来归纳某地地理要素或某一区域特征,教师应开展有计划、有目的、持续性的地图观察训练。对地图思想与方法的学习,不但可以让学生学到地理知识,而且还能启迪智慧。

(2)观察世界:综合分析法和纲要信号图示

生活中的事物是相互联系的,自然地理要素之间、人文要素之间、自然地理和人文地理要素之间都是相互联系的,而且是一种复杂的关系。教师在教学过程中可以用纲要信号传递教学信息,表达事物之间的关系,使知识系统化,以便学生掌握和记忆;这一定程度上还可以培养学生的思维能力。

(3)认识世界:区域思想与区域认知方法

从地理的视角看,世界是由不同的区域组成的,因此要帮助学生学习区域地理知识和区域认知方法,如区域列述法和概括"整体地理特征"法。时事新闻中提到某个国家时,可以提供该国的文字资料和区域地图,分析这一区域的地理特征,并指出它与其他区域之间的联系,这就是区域分析能力。学生掌握了这种能力,就拥有了"学会"地理的工具。

(4)探索世界:科学精神与地理实验

地理实验教学可以优化地理教学过程,激发学生学习地理的积极性。教师可以通过设计实验、分析实验现象与结果等,锻炼和培养学生地理逻辑思维能力。如学习地球运动有关内容时,引导学生观察生活中太阳高度的变化、昼夜长短的变化,假设地球运动速度过快过慢,会有怎样的现象。通过想象与假设,发展学生的地理形象思维能力与创造能力;在实际操作过程中还能培养学生的组织能力和解决问题的能力以及科学态度等。

总之,构建"生活课堂",通过联系实际、挖掘教材,源于生活、创设情境,以地理学科的视角、技能、方法,解决困惑。引导学生用"地理脑"去思考世界,用"地理手"去发现创新。

(二)"生活课堂"的实践操作

1. 多渠道充分挖掘生活化地理课程资源

教师平时要注意多渠道收集相关的生活化地理课程资源,根据课标要求,从教材内容、学生生活经验、社会热点话题、乡土地理、其他学科知识、影视剧、书籍报刊等方面挖掘生活化的地理信息,作为教学的后备资源。另外,结合学生学情、思维特点、学习预期效果对收集的后备资源进行分析和筛选,创造性地构建新的教学内容。

2. 精心创设生活化的地理课堂教学情境

在地理课堂教学中,教师要注意创设生活化的学习情境,适时地将生活化的例子有效地融合、穿插到整个教学过程中,使学生入情入境,激发学生的求知欲,促进新知的生成。

3. 巧用乡土风情设计生活化的地理课堂探究活动

地理教学过程中,教师应致力于使学生由被动接受式学习转变为自主、合作、探究式的学习。而熟悉的乡土地理就在学生身边,是他们易于理解和接受的内容。在课堂教学中,教师巧用乡土地理设计探究活动,使学生以愉快轻松的心情自主合作学习,培养其分析问题、解决问题的能力。

4. 让地理回归生活,引导学生学以致用

"学以致用"是地理学习的最终目的之一。生活中的许多问题都与地理有关,是地理学习的。教师可结合教材内容,让学生用所学知识解决生活中的实际问题。

总之,构建生活化的地理课堂是一种重要的地理教学策略。地理和学生的生活实际相结合,有利于引起学生的共鸣,内化学科素养。

(三)"生活课堂"的评价标准

在地理"生活课堂"教学实施过程中,以检测学生地理核心素养的养成为主体要素,从多种角度、采用多种方式对"生活课堂"进行多元的综合评价。

评 价 指 标			分数 (100 分)
一级评价	二级评价	评 价 要 点	
教师行为 (0.325)	教学 基本功 (0.105)	教学语言清晰流畅、规范风趣,教态亲切自然,能够轻松驾驭课堂,能够民主、公平地对待学生(0.450)	
		教学地图、图表、教具选择恰当,熟悉板图、板画、板书,设计规范合理,合理选择教学媒体和现代化教学手段(0.550)	
	教学内容 (0.258)	教学目标明确,符合学生实际,重点突出,抓住关键(0.300)	
		准确把握地理教材,教学内容系统、科学、正确(0.700)	
	教学过程 (0.637)	激活学生先前学习的相关地理知识和生活经验(0.300)	
		新的教学内容联系生活中的地理现象或情境加以呈现和启发(0.300)	
		提供机会让学生运用所学的地理知识和原理解释生活中的地理现象或解决新的问题(0.400)	
学生行为 (0.675)	学生兴趣 状态 (0.200)	学生注意力集中,能够积极参与教学的各个环节并保持较长时间的注意力(0.400)	
		学生具有浓厚的学习兴趣,敢于提出问题,发表见解,保持适度的紧张与愉悦(0.600)	
	学生思维 状态 (0.200)	学生能够积极主动思考并踊跃发言,听取他人观点,能够发散思维,联想到相关地理知识(0.300)	
		发现和提出地理问题,合作探究解决问题(0.700)	
	学生反馈 状态 (0.600)	学生能够理解并表述地理概念、原理、地理空间结构等知识,能够将相关知识迁移到具体情境之中(0.350)	
		能够运用所学地理知识解决新的变式问题,结合案例运用所学地理技能解决问题(0.350)	
		学生的地理学习兴趣浓厚,能够体会地理学与现实生活的密切联系和地理学的应用价值,具有地理审美情趣与鉴赏力(0.300)	

二、建设"生活地理"课程,落实学科拓展课程

"生活地理"教育致力于将理论性过强的科学知识、自然规律,转变为与学生生活

息息相关的实践性内容,但现阶段的教材并不能满足这一点。因此,我们对教材内容进行仔细研究和深入挖掘,将教材知识有机结合到实际生活中,落实拓展课程。

（一）"生活地理"课程的建设路径

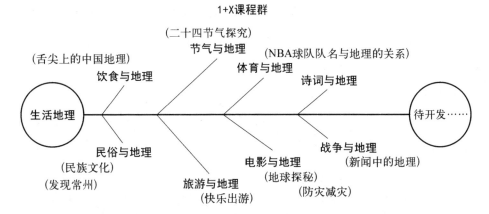

立足于地理与生活的密切联系,地理知识技能延伸到生活的方方面面,据此,地理教研组创建了"1＋X课程群"（见上图）,其开发主要遵循以下原则。

1. 聚焦素养

"生活地理"拓展课程,以生活地理理念为"1",开发"X"拓展课程群,其价值取向是地理核心素养。因此,"生活地理"课程开发遵循聚焦素养原则,超越单一学科的知识、能力,在知识、能力、态度、思维、价值观、品格等方面实现整合型发展。

2. 联系生活

"生活地理"拓展课程超越体系化的教材,超越封闭的课堂,要求在开放的时空中促进学生的全面、健康、活泼的发展,增长学生对自然、社会、地理学科和自我的体验,发展各个方面的综合能力。因此,密切联系学生的生活和有益的地理经验,从社会环境和自然环境出发,开展校本地理学习,是地理拓展课程实施的最基本要求。

3. 活动性和创新性并重

"生活地理"课程的设计,应以地方性特色为基础,广泛采取参观、调查、制作、讨论等方式,让学生直接体验生活,参与现实活动,获得感性认识,发展学生的创新精神和创造能力。

（二）"生活地理"课程的评价

1."生活地理"课程的评价要求

（1）生态性

生态性在"生活地理"课堂中表现为师生互动、生生互动、人机互动的过程。具体而言,生态性体现在情境创设、问题启智、归纳促悟的思维发展上,体现在预设与生成、动与静、探索与交流的师生成长过程中。

（2）生活性

生活性体现在知识来源于生活、应用于生活的情境创设上,体现在知识产生、发展、延续、改革的发展史上,体现在"做中学"、"学中做"的生活体验上。

（3）兴趣性

"兴趣"是指课程在实施中是否提出了普遍的、大家都感兴趣的基本问题。而在拓展课程实践中,兴趣性更多表现在教师对开发一门校本课程的热情上和学生主动学习一门校本课程的主观能动性上。兴趣使教师和学生以高度的热情和充沛的精力投入到工作、学习中。因此,兴趣性是评价校本课程的一条重要标准。

课程的生态性、生活性、兴趣性是"生活地理"拓展课程本身的内在品质,也是"生活地理"拓展课程评价的内在标准。

2."生活地理"课程的评价方法

（1）教师对学生的评价

采用过程性评价,将学生学习本课程的全过程记入成长档案袋,档案袋中的资料包括学生出勤表、课堂探究情况记录、研究性学习相关资料、实地考察报告、小论文、考查作业等。

（2）学生自评与同学互评

教师评价学生的同时,还应组织学生进行自评和同学间互评,使学生自我反省,不断提高。

（3）学生对教师的评价

每学期授课结束,组织学生以无记名方式对教师的课堂教学情况进行评价,以便及时反馈,不断改进。

课程名称		班　级	授课教师				
评　价　内　容					优	良	中	差
对教师开设的课程、创设的情境,我有兴趣,我喜欢教师的课								
教师上课生动,学生能主动积极地思考、回答、讨论、发言								
教师鼓励学生去发现和提出问题,能以学生的问题为出发点,开展教学								
教师用学生生活中熟悉的事例,引导学生去学习、探究和理解								
教师提问有吸引力,同学之间围绕问题开展讨论、交流、合作学习								
课堂中教师能够照顾到每一个学生的学习和反应,平等对待学生								
教师对学生的评价以肯定鼓励表扬为主,使学生学习更有信心								
教师知识丰富、语言准确、有感染力、教态亲切、板书规范								
教师重视直观教学,能熟练地运用现代教育技术(多媒体)								
教师的教学使学生情感融洽,学习热情高,学有所得								
综合评价								
我想对教师说的话	最欣赏的方面							
	我的建议							
	觉得不满意的方面							

总之,"生活地理"课程的评价是对自身开发过程的一种质量监控,完善此监控的过程就是课程质量不断提高和改进的过程。

三、建设"生活地理社团",落实兴趣爱好课程

社团是拓展学生素质的重要舞台,以社团为载体的课程,不仅能够丰富学生的校园生活,还能提升学生的创造思维能力和动手实践能力。学生的心智和精神在活动中不断得到修炼,从而提升其作为公民适应社会发展应有的基本素养。

(一)"生活地理社团"的主要类型及活动内容

1. 地球探秘社团

通过科教影视赏析,参观地震局、气象局、科技馆,制作模型,阅读分享,围坐学习

等活动追问探究大自然的奥秘。

2.发现常州社团

通过倾听老常州人讲座、搜索学习、行走探访学习、体验学习等方式,探究常州的"前世今生":如常州非物质文化、美食文化、名人故居、常州风俗、常州现代化高科技产业、现代化工农业、现代化交通等。

3."二十四"地理文化社团

作为常州第二十四中学的一员,应景地选择与数字"24"有关的地理知识探究。

第一,探究二十四节气的由来、物候、风俗等。

第二,地球自转时间为24小时,探究假设大于或小于24小时,地球生态会发生怎样的变化。

第三,了解我国第一批24座历史文化名城:北京、承德、大同、济南、苏州、扬州、杭州、绍兴、泉州、南京、景德镇、曲阜、洛阳、开封、江陵、长沙、桂林、成都、遵义、昆明、大理、拉萨、西安、延安。(历史地理)

(二)"生活地理社团"的评价标准

评价对象	指标体系	评定标准	
		评价内容	评定等级
社团工作	组织建设	1.章程、制度健全 2.有专业教师负责	
	活动目标和计划	1.有年度活动目标 2.活动目标明确具体 3.有实现目标的行动计划 4.计划科学、合理且可行	
	学生活动	1.工作积极主动,活动到场率高 2.生生合作、师生互动好 3.学生有问题意识 4.学生有较多的体验和感受	
	指导教师	1.服务意识强 2.积极参加学校组织的培训或会议 3.指导教师之间经常交流工作情况,工作顺利开展 4.工作能力强	

评价对象	指标体系	评 定 标 准	
		评 价 内 容	评定等级
社团工作	活动成效	1. 活动正常开展,受到学生社团成员的欢迎和校领导的肯定 2. 学生活动自主性高,学生得到充分的锻炼 3. 活动在校园网上有宣传或活动有成果 4. 活动在教育网或报纸杂志上有宣传报道或获市属以上级奖	
	环境建设	1. 有固定的活动场地 2. 活动场地布置适合学生的发展和社团的个性特点 3. 活动场地保持整洁	
	活动记录和资料保存	1. 记录及时 2. 各种记录保存完好 3. 建立社团成员活动档案袋	
	活动安全	1. 无重大安全事故 2. 社团活动每次出校活动向学校申请批准 3. 活动安全措施到位 4. 活动的同时,培养学生的安全意识	

学生评价方面,重视学生的真实行为表现,有丰富的写实性记录的"过程性评价单",在此基础上,由学生自评与互评、小组间的他评和教师评价相结合来综合评定。

四、创设地理节,推进学科活动课程

我们在生活中会遇到一些与地理有关的节日和重大活动,结合这些主题开展校园"爱地球、爱生活"地理节活动。

(一)"爱地球、爱生活"地理节的主要形式

3月22日"世界水日"、4月22日"世界地球日"、6月5日"世界环境日"前后,开展系列活动。

升旗仪式:学生主题宣讲。

专题讲座:地理教师、外聘专家科普讲座。

展览：展出学生的书画、摄影作品等或开设专题科普知识展。

组织趣味比赛：拼图比赛、地理知识达人比赛、环保创意实践比赛等。

表演：环保小品、英文环保歌曲、英文环保演讲等。

外出参观活动：组织参观污水处理厂，探访光大环保能源（常州）垃圾焚烧发电厂。

论文：举行地球小博士论文比赛。

（二）"爱地球、爱生活"地理节的评价

"爱地球、爱生活"地理节将零散活动系列化、课程化，有利于学生综合素质的提高，有利于学生活动品位的提升。其评价要关注以下两个方面。

第一，关注地理课程资源利用的评价。课程化实施"爱地球、爱生活"地理节需关注地理学科领域的资源利用情况，这为增强教师和学生的课程资源开发利用意识，顺利开展活动和提高学科教学质量提供了保障。有效调动课程资源，活动更易取得成功。

第二，关注学生素质发展的评价。在课程化实施地理节活动的评价中，要关注学生的素质发展，引导学生进行自我评价和相互评价，用多种方式肯定学生的成绩，鼓励学生的创意。无论是参加活动的获奖证书，还是参与活动过程中留下的作品或照片、关于活动的新闻报道等，都是孩子成长的足迹和美好的记忆。将这些成果张贴在橱窗里，布置在分享园内，悬挂于学校的墙上，都是对孩子最好的评价与鼓励。

（执笔人：周瑞平　蒋奕珺　吴小叶）

第十章　音乐的目的在于丰富生命意涵

我们秉持"缤纷音乐"的学科理念,导入多元文化,开发富于人文色彩的音乐课程,开发多种能力的实践空间。音乐的最终目的,在于让孩子们丰富生命意涵,领悟人生真谛。我们找寻核心素养落地的力量,让孩子们放飞梦想,开启属于自己的美好人生。

✤ 学科课程哲学
　　缤纷音乐,开启多彩人生

✤ 学科课程目标
　　立德树人,凝练核心素养

✤ 学科课程框架
　　内容重组,渗透多元文化

✤ 学科课程实施
　　贴近地面,追求自我实现

　　苏霍姆林斯基说:"音乐教育——这不是培养音乐家,这首先是培养人。"音乐教育就是要贯通音乐世界与人的世界的必然联系,并在这个过程中,使人的心灵在音乐审美方式的引导下,在音乐人文精神熏陶下,领悟人生真谛,并通过体验、表现、创造和反思,达到生命质量的创造与升华。中小学音乐教育的人文价值应该在缤纷多彩的音乐课程中落实对学生人格的悉心培养。

　　目前,常州市第二十四中音乐学科共有音乐教师3人,师资队伍优良,结构合理,拥有高级教师1名,一级教师2名。3位教师均在省市级评优课或基本功大赛中获奖,辅导学生文艺演出,多次荣获世界级、国家级、省市级比赛奖项。教学理念先进,教学研讨气氛浓郁。现依据《教育部关于加强中小学艺术教育的意见》以及《中华人民共和国国家教育部艺术课程标准》等文件的精神,制订我校音乐学科课程建设方案。

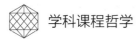 学科课程哲学

缤纷音乐，开启多彩人生

一、学科性质

普通学校音乐教育的根本性质是素质教育，是面向所有学生的陶冶性情、滋养心灵的音乐艺术教育，是提高修养、完善人格、促进全面和谐发展的音乐文化教育。音乐教育从本质上来说是一项塑造"人"的工程。它通过对人审美能力的发掘和培养，通过建构人的审美心理结构达到陶冶心灵和塑造人格的目的。音乐教育的全部过程应是一种自觉的审美过程，应贯穿着所有的审美因素，并以美感的发生为根本内容。这样，在长期的、多次的美感发生和发展中，音乐教育才会影响学生的情感状态和意向，形成审美情操，从而完善人格发展。对于音乐教师来说，最重要的工作是在教学过程中不断帮助学生发现美感。对于中小学生来说，音乐教育的魅力并不仅仅在于知识、技能的传授，更多地表现在启迪、激励、唤醒、感染和净化等效应上。所以我们说，基础教育阶段的音乐课，是人文学科的重要领域，是实施美育的主要途径之一。

音乐课程的价值在于：为学生提供审美体验，陶冶情操，启迪智慧；开发创造性发展潜能，提升创造力；传承民族优秀文化，增进学生对世界音乐文化丰富性和多样性的认识和理解；促进人际交往、情感沟通及和谐社会的构建。

二、学科理念

我校音乐教研组秉持"缤纷音乐"的学科理念，开发富于人文色彩的多种音乐课

程、导入多元文化,开发多种能力的培养空间,使教学朝着更有利于培养学生能力的方向前进,努力提高学生综合素质,让学生能在"缤纷音乐"课程尽情放飞理想,开启属于自己的多彩人生。虽然音乐教育的方式和实施途径是多样的,但在实践中,必须遵从"拓展教材—文艺体现—校园文化"三位一体的缤纷音乐教育模式。

(一)拓展教材内容,渗透多元文化感受缤纷音乐

以教材为基础开发音乐课题、渗透多元文化,引导学生多角度感受音乐鉴赏的综合文化性,提供发展多种能力的空间。现行音乐教材的知识容量非常广阔,其知识编排与相应学科体系及学生掌握的文艺知识有一定匹配度。需要教师充分做好备课工作,对课程进行深入的挖掘、建设和发展,采用渗透多学科的综合式教学,使欣赏更贴近学生已有的历史、地理、文学、美术知识,增加音乐了解度和亲和力,激发学生欣赏兴趣,进而引导他们主动参与对作品的感受、分析、理解和体会。

音乐是民族文化的传承方式。阳春白雪,曲高和寡;下里巴人,和者千人。古人让人们明了雅俗共赏的文明内涵,《春江花月夜》、《满江红》等音乐与诗词结合,其意境缥缈,气势雄壮,渗透着文学精髓与爱国情感;《太阳岛上》、《鼓浪屿之波》描述了新世纪的地理、地域风采;《十面埋伏》、《黄河大合唱》呈现了恢弘的历史画卷,表现着强烈的民族精神,让学生在知与不知之间去欣赏,去感悟,引发他们的兴趣;彝族的《阿细跳月》使学生身临其境,融入异域风俗、节日与传说。

引导学生发掘作品中隐藏的地域文化、历史社会环境等,使学生与作品所体现的丰富文化内涵产生共鸣,更深刻地体会音乐作品的情感和社会价值。学生是教学的主体,主体的需求就是教学的导向,如何满足学生需求、完成教育目标,需要教师根据教材灵活拓展课外内容,以音乐为载体,将古典与流行、东方与西方结合起来,满足学生求知需求,激发学习兴趣,实现教育意义。每一节课我们都会接触不同的音乐表现形式,不同的曲风给人的感受也会大为不同。音乐作为一种文化传承方式流传至今,最简单的分类方式就是把它分为古典音乐与流行音乐。古典音乐组织方式严谨,篇幅很长,气势恢宏,显得比较严肃。相反,现代流行音乐节奏旋律比较简单,讲究感性、随和、贴近生活,相比之下缺乏理性思维。但是,流行音乐的歌词却可以

真实地描绘人们内心的情感,无论是快乐还是忧伤,都提高了流行音乐的传唱度。需求决定供给,古典与流行在融合的过程中各取所需,两者结合既成就了流行音乐的传唱度,又揭示了古典音乐的神秘感。

不管是近年来的"特色中国风",还是复兴过后的"新古典主义",都在进行融合。莫扎特第四十号交响曲片段成就了 S.H.E 的《不想长大》,杨丞琳的《庆祝》改编自《爱的礼赞》,蔡依林《离人节》的原曲是肖邦离别曲 E 大调练习曲。这种植入与结合,既不改变古典乐曲原有的味道和架构,又能吸引更多的人欣赏古典乐曲。

将具有艺术价值和积极教育作用的流行音乐作品吸收到课堂中,有利于增强课堂教学效果。比如,周杰伦的作品《听妈妈的话》就很有意义,歌词用简单直白的语言表达了他对母亲的爱和尊敬,同时教育听者要尊敬长辈。这对正处于叛逆期、甚至与父母产生严重隔阂的中学生来说,是一种很好的教育。流行音乐旋律朗朗上口,易学易唱,胜过老师喋喋不休的耳提面命。电影《和你在一起》的片尾,男孩奔向火车站为其养父激情演奏柴科夫斯基的《D 大调小提琴协奏曲》时,不仅将电影推向了高潮,也使所有观众的心灵受到一种强烈的震撼,在音乐中体会亲情的可贵。慎重、客观地拓展教材内容,渗透多元文化,让学生感受缤纷音乐之美。

(二)开发课程资源,探索教学形式呈现缤纷多彩

教学模式是知识传承的途径。实践证明,接受音乐教育的途径是多种多样的,因此,多样化、开放化的音乐教育方式方法更能满足学生主体的要求。教师只有具备宽阔的视野,保持开放的态度,才能为学生的音乐梦想提供更宽广的发挥及创造空间。音乐教学取材广泛,我们的生活环境中存在大量音乐现象,影视剧的背景音乐,广告、健身运动的使用音乐,婚丧礼仪、队列、节日的应用音乐同每个人都有一定联系。在学习中,可以引导学生从生活体验入手,从自身音乐经验出发,运用信息资源把课堂以外的音乐融入音乐教学,也可把教学活动拓展到室外、课外,让他们用自己的语言描述音乐中的体会,去探索、思考音乐与人生的关系,使音乐学习成为一项生动、具体、艺术化的生活体验。同时,音乐教学可以和其他学科融合。很多学科都与音乐存在着联系,如:音乐与体育最常态最现实的结合是每天接触的广播操、艺术体操,通过与配乐完

美地融合,实现视听双重审美效果。舞蹈《千手观音》源于敦煌壁画,配以特色鲜明的我国古代宗教音乐,生动的表演既体现了我国佛教文化的精神,又展现了和谐协作、富于生命力的人文精神。还有塞内维尔与图森的《秋日私语》、拉丁美洲的《激情盛夏》等。师生共同探讨地理风俗,再结合不同的地域配以一些影像资料,乘着音乐的翅膀游历世界,真正经历一次丰富的音乐之旅。文学中的诗词、戏剧配合音乐更能使人融入其中意境,如诗歌《乡愁》配以小提琴曲《思乡曲》时,更能勾起无限的思乡情愫。

在"缤纷音乐"课程中,积极开发课程资源,以多元的视角审视教学,以学生为主落实核心素养,更好地发挥音乐促进素质教育的作用。

(三) 提供平台,开展丰富多彩的校园艺术文化活动

校园文化中的音乐教育,着眼于全面提高学生的素质,新课标指出:"在体现素质教育目标的前提下,以音乐课程价值和基本目标的实现为评价的出发点,建立综合评价机制。"一种教育手段能否取得成效,主要表现在受教育主体的综合能力是否有所提升。因此,需要一个评价体系来评判这种变化。原有的单一的考核分数的方式片面强调知识点的记忆,对于学生的多方面发展(如审美能力、人际交往能力、自信心及创造能力)起不了太大的作用。人性的、综合的评价机制,要求从多个方位、多元角度出发,针对主体在个性、融合性、心理趋向等方面的改善进行多维的评价。同时,要促进学生学以致用,提供平台以突出合作性与个性展示。为了验证这一教学方法是否能达到理想的教学目标,同时给学生提供一个展示受教育成果、突出个性与群体结合、完成多元评价、促进综合能力进步的舞台,学校有义务提供一个校园艺术文化活动空间。

艺术社团如合唱队、舞蹈队、民乐队的组建,有利于丰富学生的情感,引导学生合理倾诉、释放,缓解疲劳,放松心情,实现表现自我、培养自信,培养合作意识,提高人际交往能力的目标。社团的开展既丰富了音乐教育的范围,推动了学校音乐教育的发展,又给学生提供了一个理论联系实践、展示自我能力的舞台。新生夏令营文艺展演、校园文化艺术节演出、合唱比赛、初三毕业文艺演出等活动,拓展了音乐教

育的平台,师生集思广益、搜集题材、贴近生活、多元融合、倾情出演,充分体现多元教育的成果。同时,学校启动校园辅助音乐设施,有利于音乐教育的全面推进。如开通无线网络提供艺术资料搜索,建立校园艺术展演储备库,将各类文艺活动的组织、选材及文字、音像资料分类整理,形成校园艺术文化库,为爱好音乐的学生提供良好的音乐信息环境。利用大屏幕开启每周一曲展示活动,充分展示音乐教育具有的人文属性。在校园艺术活动中,有意识地进行音乐教育渗透,既达到了突出学生艺术个性的目的,又提高了学生的群体意识和合作精神。如合唱演出,学生只有明确自己声部所处的地位、声部进入与休息的时间、力度的把握、音色的调节等,各自把握好自己的分寸,多元兼容,才能创造出美好的合唱效果。学生在校园文化的美感熏染下,潜移默化地提高自身修养,陶冶高尚情操,促进智力潜能的开发和身心健康发展。

借用一位音乐教育者的话:"音乐的世界是大海,有着无限的风光和丰富的内涵,我们音乐教师不是拴在一个固定地方的灯塔。我们要学会冲浪或者远航,在音乐的海洋中,我们音乐教师要有自己定位,做一个优秀远洋船长的勇气,这样会在丰富我们自己的同时带给我们学生同样丰富的世界。"这需要音乐教师对学生有深刻的理解和了解,以及教师自身永不停息的自我学习和思考。完善校园音乐教育,需要以自然、社会、人性美等内容为基础,进行审美知识、情趣、鉴赏能力的教育,对青少年学生进行人格塑造。有组织地培养学生的感知能力、理解能力,加深他们的社会体验,探索多元文化缤纷音乐教育的道路,使学生能够有一个全面的世界观,促使学生成为更完善、更全面的人才,以适应多元社会的发展。

学科课程目标 ————————————————————————

立德树人,凝练核心素养

一、课程总目标

音乐课程目标的设置以音乐课程价值的实现为依据,通过教学及各种生动的音乐实践活动,培养学生爱好音乐的情趣,发展音乐感受与鉴赏能力、表现能力和创造能力,提高音乐文化素养,丰富情感体验,陶冶高尚情操。

(一)情感态度与价值观

第一,通过学习音乐,使学生的情感世界受到感染和熏陶,养成对生活的积极乐观态度和对美好未来的向往与追求,思考并规划人生,树立终身学习的愿望。

第二,通过对音乐作品的感受和理解,培养音乐鉴赏和评价的能力,形成健康向上的审美观,使学生在真善美的音乐艺术世界里得到高尚情操的陶冶。

第三,通过对我国优秀音乐作品的审美体验,增进学生对祖国音乐艺术的热爱,培养学生的社会责任感、民族精神和爱国主义情怀;学习了解不同国家的音乐传统及优秀的音乐作品,理解和尊重文化的多样性,使学生初步具有国际视野,有助于培养学生参与国际交往的能力。

(二)过程与方法

首先是体验。音乐教学过程应是完整而充分地体验音乐作品的过程。启发学生在对音乐形态与音乐情感的积极体验中,充分展开联想与想象,爱护和鼓励学生在音乐体验中的独立见解。

其次是比较。通过比较音乐的不同体裁、形式、风格、表现手法和人文背景,培养学生分析和评价音乐的初步能力。

最后是合作。在教学实践过程中,引导学生以音乐为媒介,加强与他人的合作与交流,增强协作能力和团队意识,培养集体主义精神。

(三)知识与技能

第一,欣赏不同时期、不同民族、不同体裁和不同风格的音乐作品,学习音乐的表现手段,了解音乐的历史与发展,认识音乐的社会功能。

第二,通过对唱歌、演奏、创作、音乐与舞蹈、音乐与戏剧表演的学习,掌握必要的基础知识和基本技能,并能够参与教学中的表演及创作活动,培养与其相关的表演和创作能力。

二、学段目标

学段目标是根据学生不同年龄段的心理发展水平和音乐认知特点,将九年义务教育分学段设计成梯度渐进的课程目标。

7—9年级的要求是"增进音乐兴趣的要求"、"提高音乐感受能力"、"提高音乐评价欣赏能力,养成良好的音乐欣赏习惯"、"能自信地有感情地演唱,发展表现音乐的能力"、"积极参与创造活动,丰富和提高艺术想象力和创造力"、"培养丰富的生活情趣和乐观的态度,增强集体意识,锻炼合作与协调能力"。

	音乐与表现	音乐与鉴赏	音乐与文化	音乐与创造
七年级	主动参与各种表演	音乐表现要素	音乐与社会生活	探索音响与音乐
八年级	自信地参与各种表演	音乐体裁与形式	音乐与姊妹艺术	即兴创造
九年级	能评价自己与他人的表演	音乐风格与流派	音乐与艺术之外的其他学科	创造实践

学科课程框架 ————————————————————————————

内容重组,渗透多元文化

　　根据我校学生的实际音乐水平,为他们量身定做学习方案。其重点在于学习方式的变化以及随之产生的教学方式的变化。我们试图把学生打造成举止优雅、情趣高雅、气质儒雅的人,让他们雅得自然,雅得脱俗。我们强调音乐课程的人文属性和对学生创造性潜能开发的课程价值,将音乐课程的教学内容整合为"鉴赏"和"表现"两个教学领域,将音乐文化知识和分散的音乐编创活动集中并拓展为"创造"和"音乐与相关文化"两个领域。表现音乐和创造音乐紧密相连,让学生主动参与,探索学生多渠道、多样化的成才方式和途径。

一、学科课程结构

　　(一) 音乐与表现

　　表现是实践性很强的音乐学习领域,是学习音乐的基础性内容,是培养学生音乐表现能力和审美能力的重要途径。教学中应注意培养学生自信地演唱、演奏的能力以及综合性艺术表演能力,发展学生的表演潜能及创造性潜能,使学生能用音乐的形式表达个人的情感并与他人沟通、融洽感情,在音乐实践活动中使学生享受到美的愉悦,受到情感的陶冶。

　　(二) 音乐与鉴赏

　　感受是重要的音乐学习领域,是整个音乐学习活动的基础,是培养学生音乐审美能力的有效途径。良好的音乐感受能力与鉴赏能力的形成，对于丰富情感，提高文化素养，增进身心健康具有重要意义。教师在教学过程中应激发学生听赏音乐的兴趣，使其养成聆听音乐的良好习惯，逐步积累鉴赏音乐的经验。应采用多种形式引导学生积极参与音乐体验，鼓励学生对所听音乐形成独立的感受与见解，帮助学生建立起音乐与人生的密切联系，为终身学习和享受音乐奠定基础。

（三）音乐与相关文化

音乐与相关文化是音乐课人文学科属性的集中体现，是直接增进学生文化素养的学习领域。它有助于扩大学生音乐文化视野，促进学生对音乐的体验和感受，提高学生鉴赏、表现、创造以及艺术审美的能力。它虽然在某些方面有自己相对独立的教学内容，但在更多的情况下蕴涵在音乐鉴赏、表现和创造活动之中。为此，这一领域教学目标的实现，应通过具体的音乐作品和生动的音乐实践活动来完成。

（四）音乐与创造

创造是发挥学生想象力和思维潜能的音乐学习领域，是学生积累音乐创作经验和发掘创造思维能力的过程和手段，对于培养具有实践能力的创新人才具有十分重要的意义。音乐创造包括两类学习内容：其一是与音乐有关的发掘学生潜能的即兴创造活动，其二是运用音乐材料创作音乐。第二类内容与音乐创造有关，但区别于专业创作学习。

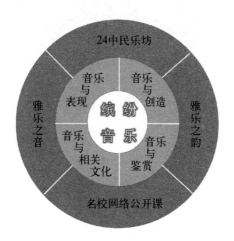

二、学科课程设置

类别		基础课程	拓展 课 程		
内 容		教材内容	实 践 与 赏 析	表现与创造	
				24 中民乐坊	
缤纷音乐	七年级	上学期	苏教版七上课本	雅乐之音	"声"——声音技巧 "情"——情感真挚 "字"——歌唱语言	中国民族音乐简介及基本功训练
		下学期	苏教版七下课本		"味"——演唱韵味 "表"——歌唱表演 "养"——歌唱修养	中国民族乐器简介及技法训练
	八年级	上学期	苏教版八上课本	雅乐之韵	音乐与古典诗词 精彩音乐汇 影视留声机	江南丝竹音乐赏析及演奏
		下学期	苏教版八下课本		风华国乐 音乐人生 乐游天下	民族音乐赏析及演奏（一）
	九年级	上学期	苏教版九上课本	名校网络课程	爵士、流行和古典 布鲁斯和摇滚	民族音乐赏析及演奏（二）
		下学期	苏教版九下课本		肖邦和瓦格纳 莫扎特和贝多芬	民族音乐赏析及演奏（三）

学科课程实施 ——————————————————————————

贴近地面，追求自我实现

随着"缤纷音乐"课程的推进，音乐课堂教学模式不断推陈出新，但由于对音乐教学评价功能理解不够全面，观点不够正确，音乐课的评价方法仍以传统的歌唱和笔试为主，过多强调共性和一般趋势，忽视了体现创新评价思路的评价手段和方法，也忽视了学生在学习过程中的个性发展差异。音乐课程评价应有利于学生了解自己的进步，发展潜能，建立自信，促进音乐感知、表现和创造等能力的发展。

一、建构"缤纷课堂"，推进学科基础课程

"缤纷课堂"充分体现教育的时代要求，所有的教学行为围绕"追求理想，开启智慧，提升人格"而展开。

（一）"缤纷课堂"的实践操作

1. 音乐教学目标多元化

音乐教育家埃里特认为"音乐是一种多样化的艺术—社会—文化实践"。音乐教学的目标主要包括知识与技能、过程和方法、情感态度与价值观三个方面。首先，知识与技能是教学目标的核心。其次，过程与方法目标的实现渗透在知识与技能的教学中，要求重视教与学的结合、重视学生活动与训练的设计、重视知识的探究过程、重视互动的过程。最后，把情感态度与价值观目标的实现融合在知识与能力、过程与方法目标实现的过程之中，使情感态度与价值观目标的实现获得体现的载体。

2. 音乐教学方法多元化

为了让学生喜欢上音乐课,教师应设法让课堂教学变得形式多样、生动活泼、节奏紧凑、容量充实,做到歌活、情活、动作活、心活,让学生会唱、会欣赏、会创作、会表达,只有这样,课堂教学才能真正焕发活力。同时要注意活而不乱,收放自如。根据教学内容的设计做到动静结合,有张有弛,层次分明,注重过程性评价。

(1) 创设情境

创设一种可以让学生听、视、感、触的环境氛围,通过视觉、听觉等多通道的协同活动,营造与教学内容相适应的课堂氛围和情境,使学生积极主动参与音乐感受与鉴赏教学活动。比如在学习亚洲音乐艺术这一课时,先播放音乐欣赏《竹竿舞》导入,使学生自觉主动地投入音乐学习,活跃课堂气氛,尽享音乐的魅力。

(2) 重视学生音乐体验

音乐欣赏的过程就是情感体验的过程,在教学程序设计中要让学生获得情感深入体验,必须强调学生的参与性与活动性。如学习印度音乐时,鼓励学生对音乐产生联想和想象,并编创表现印度舞蹈:学习简单的印度舞蹈动作,学生分组编创表现。通过学习简单的印度舞蹈动作,加强对印度音乐与歌舞艺术的情感体验,在融入音乐文化知识的同时,以"师生互动"的方式营造氛围,创设情境,寓教于乐。

(3) 强调学生探究活动

探究活动体现了"以学生为主体,引导学生自主发展"的教育理念。如精彩音乐汇的第三个环节是学唱歌曲,老师先范唱,让学生打节奏,寻找歌曲节奏特点。然后学生跟唱与齐唱,启发学生运用自身的思维,探究新知识,激发学生歌唱的热情,同时感受歌曲的情绪,体验歌曲中所表达的音乐风格和独特的音乐文化。

3. 音乐教学内容多元化

教学内容是学与教相互作用过程中有意传递的主要信息。"缤纷音乐"课程教学内容趋向多元化发展,体现多角度的综合文化性。

(1) 挖掘音乐自身的魅力

挖掘和释放音乐对中学生的教育价值,激发学生的民族自豪感和爱国热情,让学生从"缤纷音乐"课程中，认识到本民族音乐的魅力。选择具有代表性、经典性的音乐，让学生从音乐视角更充分地了解、感受和体验音乐的韵味。

（2）注重音乐文化传承价值，提升学生的人文素养

在教学中逐渐渗透人文知识，提高学生的音乐素质，使学生能够轻松、快乐地获得音乐艺术的基本知识和技能。

（二）"缤纷课堂"的评价标准

多元的音乐评价强调从多维的角度去评价学生，体现学生多方面的发展，积极关注学生音乐审美能力、人际交往能力、自信心及创造能力的开发状况。

1. 注重评价主体，绽放个性色彩

在评价过程中，要充分尊重学生的人格。这样不但可以调动学生学习的积极性，也有利于充分展示学生的学习个性，建立学习自信心。

2. 注重评价方式，发挥教育功能

音乐教学坚持的理念是"以学生发展为本"，根据现代课堂教学的特点，合理运用评价方式，使其具有科学性和可操作性。

3. 评价注重激励性

教师可以经常肯定学生，如"你很有创作天赋！"，使学生不断地看到了自己的成功，以此极大地激励他们创编的欲望，鼓励他们释放自己的音乐潜能。

4. 评价注重互动性

教学评价是评价者与被评价者之间互动的过程。例如在评唱歌曲活动时，可以采用的评价形式有：男、女生互唱互评；小组内同桌互评；个人唱，小组评；一个小组唱，其他小组评；全班唱，师生共评等。

5. 注重评价过程，体现多元魅力

教学评价把教学过程与评价过程融为一体，从而发挥评价对于教学活动的导向、反馈、诊断、激励等作用。常言道：月有圆缺，学有迟速。"缤纷音乐"课程需要的教学评价既要体现学生的共性，更要关心学生的个性，既要关心结果，更要关心过程；评价注重的是学生学习的主动性、创造性和积极性。

二、创设"缤纷音乐节",浓郁音乐课程氛围

为提高我校学生艺术水平,营造艺术氛围,给学生提供展示艺术才能的舞台,丰富校园生活,同时选拔优秀艺术人才参加省市局属中小学艺术展演,特举办"缤纷音乐节"活动。

"缤纷音乐节"有利于营造校园积极健康、高雅文明的人文环境,加强校园文化建设,大力推进素质教育的发展,陶冶学生情操,培养学生欣赏美、创造美的能力,为师生提供展示文艺才华的舞台,促进审美能力和水平的提高,丰富师生的文化生活,发挥学生个性特长,启迪智慧,激发创造和创新能力,全面发展。

(一)"缤纷音乐节"的主要活动

1. 七年级"小百灵"合唱节

合唱比赛要求:

班级合唱比赛,各班必须按全班实际人数参加;

每班自选一首歌,内容要求健康、积极、向上;

表演形式可多样化,如伴舞、朗诵等,但必须以演唱为主;

服装统一,展示良好的班级精神面貌;

每班演唱时间不超过 5 分钟,超时酌情扣分。

2. 八年级"百灵鸟"声乐节

声乐比赛要求:

能用正确的歌唱姿势和呼吸方法演唱歌曲;

自然圆润地发声,有良好的歌唱状态;

声音较统一、甜美,音高、节奏准确;

语言准确、清晰,能把握歌曲演唱的风格和情感;

独唱、重唱、合唱,形式不限。

3. 八年级"小孔雀"舞蹈节

舞蹈比赛要求:

舞蹈整体编排具有合理性、连贯性、完整性;

舞蹈的编排、表演形式新颖有创意;

对舞蹈音乐的理解准确,舞蹈动作吻合音乐旋律,有节奏感。

(二)"缤纷音乐节"的评价要求

1. 七年级"小百灵"合唱比赛评价要求

动作整齐,音准节奏正确,音色和谐统一,具有一定的合唱艺术效果。

舞台表演准确、恰当,表演形式富有创意。

精神饱满,富有朝气,台风好,上下台纪律良好,服装整齐统一。

歌曲内容积极向上,适合学生演唱。

2. 八年级"百灵鸟"声乐比赛评价要求

技巧:音色统一,气息流畅;吐字咬字清晰准确;正确把握音准和节奏。

情感:对作品的理解程度高;思想感情表现深刻;歌曲风格掌握准确。

形象:舞台形象好和舞台表演能力强。

3. 八年级"小孔雀"舞蹈比赛评价要求

表演过程中动作流畅协调,表现力和技巧性强。

舞蹈表演具有时代感、抒发健康情怀,能够展现中学生风采。

表演者精神饱满、台风端正,现场反应良好,如遇突发情况处理得当。

三、建设"缤纷音乐社团",发展学生兴趣爱好

为使学生的学校生活更加丰富,使学生的兴趣爱好有更大的展示舞台,音乐社团开展各式各样的音乐活动,从多方面提高学生的艺术水平和艺术素养,为校园文化建设建立起坚实的基础。

(一)"缤纷音乐社团"的主要类型

1. 雅乐之音

声乐是音乐艺术中最容易为大众接受、喜爱的一种艺术形式。声乐训练,能使每

一个学生都拥有百灵鸟一样美妙动听的歌喉,从而对歌唱充满美好的向往,对学好音乐艺术充满坚定的信心。而兴趣正是学习的基本动力,是学生与音乐保持密切联系、享受音乐、用音乐美化人生的前提。声乐教学不只是单纯地解决一些声音技巧问题;而是培养学生掌握科学的学习方法,提高分析和解决问题的能力,把所学知识技巧运用到实践中去。

2. 雅乐之韵

音乐鉴赏是欣赏者对音乐作品的审美活动,它是一种创造性的精神活动。音乐欣赏通过无比动听的音乐,或使欣赏者产生心理上的满足感;或把欣赏者的注意力和思维引向预定的创作目的;或启发欣赏者的智慧;或丰富欣赏者的精神生活,净化心灵;再或者,由于欣赏者与作品表达的思想情感产生共鸣,从而接受作品的思想观点,不知不觉中提高精神境界。音乐欣赏能改变学生的内心世界(情感、思想、意识),使其产生认识世界和改造世界的动力,树立美好的理想;音乐欣赏能提高学生鉴赏音乐的能力,培养健康向上的审美情趣和高尚情操。

3. 民乐团

组建学生民乐团是一项具有深远意义的活动,是一项具有特色的团队培训项目。学生通过参加民乐团了解民族乐器的特点、音色和它在特定场合起到的特殊作用,提高专业知识和技术水平,并在相互协调、密切配合的合奏训练中,不断增强集体主义观念,养成良好的道德情操。组建学生民乐团,能开发学生的音乐潜能,并在愉悦的教学中以美辅德,以美益智,以美促体,以美怡情。同时,给一些具有较好演奏基础的学生提供更多的学习空间和展示自我的更大舞台。

(二)"缤纷音乐社团"的评价要求

其一,学生有自己的兴趣爱好,愿意通过各种方式积极学习和尝试新事物。

其二,学生有求知欲望,愿意自主地、主动地进行学习。

其三,学生能够通过自己的感知和体验,理解新知识,并大胆、正确地传达出自己想要表达的内容。

其四,学生愿意与别人合作,能与他人共同讨论、交流。

其五,学生有集体荣誉感,愿意与小组成员共同呈现节目,有较好的表现力。

其六,学生能够发挥主观能动性,按照自己对音乐的理解,与小组成员共同参与创编活动并进行展示,保证节目的完整性与艺术性。

总之,学校成立音乐课程建设小组,明确职责,分工到人,责任到人,积极鼓励全体教师参与课程开发。实施项目建设,旨在以优质学科课程建设为载体,推动人才培养模式改革,培养和造就一批师德高尚、结构合理的优秀教师团队。统筹推进学科课程建设与发展,培育一批具有特色、超强影响力的课程教学改革成果,打造初中学科课程教学品牌。

(执笔人:郭文玉　白颖婵)

第十一章 被闪耀人性之光的艺术强烈地震撼

　　美是灵魂的"清道夫"。美术课程的目标不是培养"艺术家",而是培养"审美人"。通过联想和互动,让孩子们能够被闪耀人性之光的艺术作品强烈地震撼,让他们在静观的审美状态下,揽对象于心胸,把整个精神气质注入外物,让审美对象还以温暖的回眸,实现物我对话,这便是"灵韵美术"的期待。

　　⊕　学科课程哲学
　　　　用审美的眼光感受世界
　　⊕　学科课程目标
　　　　用灵动的思维改变生活
　　⊕　学科课程框架
　　　　用核心素养引领课程设计
　　⊕　学科课程实施
　　　　让审美对象还以温暖的回眸

美术教育是生命早期发展的主要动力,是全面提升个体素养与能力的重要路径。美术教育的本质意义不是在技术层面帮助学生获得一些知识技能,而是培养人文精神、追求美的境界、体验美术创造的成功和喜悦。因此,坚持以人文精神统领艺术教育,就是要提高美育在整个教育中的地位,改变传统艺术教育的方式。

目前,常州市第二十四中学艺术学科教研组共有美术教师3人,师资队伍优良,结构合理,拥有高级教师1名,一级教师2名。其中常州市教坛新秀1名,3位教师均在常州市评优课或基本功比赛中获奖。组内气氛和谐,资源共享,教学研讨气氛浓郁。现依据《教育部关于加强中小学艺术教育的意见》以及《中华人民共和国国家教育部艺术课程标准》等文件的精神,制订我校美术学科课程建设方案。

学科课程哲学 ————————————————————————————

用审美的眼光感受世界

一、学科性质

美术是最重要的视觉艺术,美术课程以对视觉形象的感知、理解和创造为特征,是学校进行美育的主要途径,是九年义务教育阶段全体学生必修的基础课程,在实施素质教育的过程中具有不可替代的作用。

美术课程凸显视觉性,学生在美术学习中积累视觉、触觉和其他感官的经验,发展感知能力、形象思维能力、表达和交流能力。美术课程具有实践性,学生在美术学习中运用传统媒介或新媒体创造作品,发展想象能力、实践能力和创造能力。美术课程追求人文性,学生在美术学习中学会欣赏和尊重不同时代和文化的美术作品,关注生活中的美术现象,培养人文精神。美术课程强调愉悦性,学生在美术学习中自由抒发情感,表达个性和创意,增强自信心,养成健康人格。

美术课程的价值体现在:陶冶学生的情操,提高审美能力,引导学生参与文化的传承和交流,发展学生的感知能力和形象思维能力,形成学生的创新精神和技术意识,促进学生的个性形成和全面发展。

二、学科理念

"灵韵"是审美主体在静观的审美状态下,揽对象于心胸,把自己的整个精神气质注入外物,同时审美对象也还以温暖的回眸,主客体对话交流,实现物我统一。这一过程也是移情审美的过程,观赏者透过神韵,通过联想和互动,被艺术作品强烈地震撼。

"灵韵美术"从二十四中的现状出发,结合学生对美育的掌握情况,通过系统的校本艺术拓展课程,引导学生学会分辨、识别、观察、思考,从而令学生能从灵性的角度出发,敢于张扬个性,善于发挥想象,大胆进行创作,通过学习和创作,在作品中体现出属于自己的灵韵。"灵韵美术"校本课程可以帮助学生增强对艺术作品的审美分析能力和对生活的审美判断能力,带领学生用心灵来感知作品的神圣性和独一无二性,从而学会用审美的眼光来审视世界。

美,是灵魂的"清道夫",我们的美术教学不是培养"艺术家",而是培养"审美人"。因此,我们秉持"灵韵美术"的理念,在让每一个学生都能享受美育的基础上,带领各年级学生探索艺术领域的未知,引导他们对艺术发生兴趣,进而衍生出主观想要学习的渴望;通过合理有效的美育形式,让学生积极转变自我对审美的认识,帮助学生意识到美育与人类社会及人类文明的重要联系,从而培养他们的人文情怀、思维能力和创造欲望。

美术学科的基本理念为:使学生形成基本的美术素养,激发学生学习美术的兴趣,在广泛的文化情境中认识美术,培养创新精神和解决问题的能力,促进学生的全面发展。针对以上基本理念,为培养具有二十四中特色的"六雅"学生,我校美术教研组秉承"灵韵美术"的理念,担负起美术教育的导演角色,充分挖掘身边美术教育的潜力和资源,根据本校学生实际情况,"因校制宜",大胆地进行"灵韵美术"的探索和研究。

(一)让"灵韵"之花开遍校园

"灵韵美术"面向全体学生是校本化特色决定的,同时也是由义务教育的性质所决定的。我们坚信每个学生都具有学习美术的潜能,都能基于自身的潜质上获得不同程度的发展。"灵韵美术"课程在适应素质教育要求的同时,面向全体学生,选择有利于学生发展的美术知识和技能,组成课程的基本内容,并通过有效的、有针对性的学习方式,帮助学生逐步体会美术学习的特征,形成基本的美术素养,为艺术的终身学习奠定基础。

(二)雅韵感知与意趣激发

兴趣是学习美术的基本动力之一。美术课程强调通过发挥美术教学特有的魅力,使课程内容与不同年龄阶段的学生的情意和认知特征相适应，以灵活多样的教学方法激发学生的学习兴趣，并使这种兴趣转化为持久的情感态度。"灵韵美术"注重与学生的生活经验紧密联系，发挥知识和技能在帮助学生提高精神和生活品质方面的作用，让学生在实际生活中感悟美术的独特价值。

（三）艺术文化与审美生活

美术是人类文化的一个重要组成部分，与社会生活的方方面面有着千丝万缕的联系。通过"灵韵美术"，学生可以了解人类文化的丰富性，在广泛的文化情境中认识美术的特征、美术表现的多样性以及美术对社会生活的独特贡献，并逐步形成热爱祖国优秀文化传统和尊重世界文化多样性的价值观。

（四）文化传承与思维创新

美术课程被公认为是对创造力的培养最具成效的课程之一。现代社会需要充分发挥每个人的主体性和创造性，因此，"灵韵美术"特别重视对学生个性与创新精神的培养，采取多种方法帮助学生学会运用美术的方法，将创意转化为具体成果。通过综合学习和探究学习，引导学生在具体情境中探究与发现，找到不同知识之间的关联，发展综合实践能力，创造性地解决问题。

 学科课程目标 ─────────────────────────────

用灵动的思维改变生活

美术学科的核心素养不是简单的知识与技能，它是对美术学科和跨学科知识与技能、过程与方法、情感态度和价值观进行整合，让学生通过对美术学科的学习，形成适应社会发展所需的必备能力和关键品格。因此，"灵韵美术"的学科目标总体降低知识性和技能性的要求,更重视和关注审美与情感方面的要求。

美术课程总目标按"知识与技能"、"过程与方法"、"情感态度与价值观"三个维度进行设定。依据课程总目标,我们制订了相对应的二十四中特色的"灵韵美术"课程分目标。学生以个人或集体合作的方式参与美术活动,激发创意,了解美术语言及其表达方式和方法;运用各种工具、媒材进行创作,表达情感与思想,美化环境与生活;学习美术欣赏评述的方法,提高审美能力,了解美术对文化生活和社会发展的独特作用。学生在美术学习过程中,丰富视觉、触觉和审美经验,获得对美术学习的持久兴趣,形成基本的美术素养。为了提高学生的审美能力,帮助学生了解美术对文化生活和社会发展的独特作用,我校美术组提出如下"灵韵美术"课程分目标。

一、"灵性表现"目标

灵性表现主要是造型表现领域,这一部分是美术的基础,要求学生学习怎样将线条和立体造型灵性地表现出来。通过系统的学习练习,帮助学生有意图地运用形、色、肌理、空间和明暗等美术语言,选择恰当的工具、材料,以绘画和雕塑等形式,探索不同的创作方法,发展具有个性的表现能力,传递作品的灵韵和自己的思想及情感。

二、"灵动创作"目标

灵动创作主要是设计应用领域,引导学生了解主要的设计类别、功能,运用对比与和谐、对称与均衡、节奏与韵律、多样与统一等组合原理,利用媒材特性,进行创意和设计,美化生活,形成初步的设计意识,鼓励学生大胆创作,外化自己的情感和认识。通过创意设计和工艺制作,尝试改善环境与生活,学习表达设计意图,学会欣赏和评述他人的设计和工艺作品。

三、"灵妙赏析"目标

灵妙赏析即"欣赏评述",主要突出学生的主体性,通过解析欣赏评述,理解自然美、美术作品和美术现象,阐述欣赏评述领域的内容、过程、目的。这是进一步了解美术欣赏的基本方法,能够达到在教学中唤醒学生的主体意识、提高美术素养及全体学生审美素养的目的。

四、"灵韵感悟"目标

灵韵感悟即"综合探索",通过强化学科之间联系、综合利用各类资源、跨领域创作与表现的方法,培养学生实践探究、综合解决问题的能力。运用多种美术媒材、方法和形式进行记录、规划、创作、表演与展示,引导学生了解美术与人类生存环境、传统文化、多元文化之间的关系。

总之,我们将秉承"灵韵美术"的教学理念,围绕以上四个课程目标,发展学生的学科核心素养,培养具有科学精神、实践能力和主动审美的学生。

 学科课程框架

用核心素养引领课程设计

一、"灵韵美术"课程结构

"灵韵美术"课程根据"雅慧"课程的需要,分为基础性课程和拓展性课程。

基础性课程:按照国家课程标准完成教学目标,培养学生适应终身发展和未来社会所需的必备品格与关键能力,是全体学生的必修课程。

拓展性课程:是基础课程的延伸,满足学生个性化学习的需求,开发与培育学生的潜能。以开展学科研究性学习、学科专题教育活动为主,是学生自主选择修习的课程。

根据初中美术学科的课程标准、初中美术学科核心素养、初中学生的发展特点以及我校学生艺术发展的特质,我校"灵韵美术"课程分为灵韵"饰"界——黑白"饰"界、灵韵"饰"界——雅痕集韵、"漫"步艺苑——走近动漫、"漫"步艺苑——Cosplay、中外美术鉴赏等五大类,其结构如下图所示。

二、"灵韵美术"课程设置

"灵韵美术"学科课程设置具体如下表:

	第一学期	第二学期
七年级	灵韵"饰"界 ——黑白"饰"界	灵韵"饰"界 ——雅痕集韵
八年级	"漫"步艺苑 ——走近动漫	"漫"步艺苑 ——Cosplay
九年级	中外美术鉴赏	中外美术鉴赏

七年级拓展课程由黑白"饰"界和雅痕集韵两部分组成,属于造型表现领域和设计应用领域,旨在通过系统的学习,帮助学生学会抓住物象的主要特征,删繁就简,灵活运用点、线、面多种形式的表现方式,使画面黑、白、灰变化丰富,虚实层次错落有致,用

简练的形象展示画面达到对比强烈、明快的艺术效果。

八年级拓展课程由走近动漫和 Cosplay 两部分组成,属于造型表现领域、设计应用领域、综合探索领域三方面相结合的课程,旨在帮助学生了解掌握漫画创作的常用手法。在综合性活动中,制作、演示使学生亲自体验漫画带给自己的乐趣,感受漫画艺术的独特魅力,激发学生的创作欲望,丰富学生的情感世界。

九年级拓展课程主要是中外美术鉴赏,本课程属于欣赏评述领域,突出学生的主体性,关注学生学习方式和学习方法的获得。"欣赏不同时代和文化的美术作品,了解重要的美术家及流派",有利于学生养成勤于观察、敏于发现的习惯,增强其以设计和工艺改善环境与生活的愿望。

 学科课程实施

让审美对象还以温暖的回眸

为了培养二十四中学生的艺术素养,激发学生的艺术灵性,美术组的老师们结合自身优势,调查了解中学美术教育的现状,分析当下美术教育中可能存在的问题,提出凸显人文情怀的"灵韵美术"校本课程。通过本课程的实施,加强课程内容与学生生活的紧密联系,将艺术与人文、与学生情感需求、与学校提倡的"六雅"文化有机结合,着重关注美术课程中的人文情怀对学生的影响,帮助学生积累深厚的艺术文化底蕴,从而塑造健康的人格,培养学生的艺术审美情趣和积极向上的价值观。具体而言,包括以下四个方面。

一、建构"灵动课堂",彰显我校美术课堂的特色

建设符合我校美术学科实际的"灵动课堂",主要包括基本要求和评价要求两个方面。

（一）"灵动课堂"的基本要求

"灵动课堂"要遵循"以生为本、激发兴趣、审美教育"三大基本要求。

"以生为本"：美术教学绝不是单纯的传授知识，而是要创造一种艺术体验经历，将艺术生活化、生活艺术化，这样的美术教学活动才有可能达到陶冶性情、完善人格、促进成长的作用。教学过程中，教师不应只是将自己知道的一些美术知识转述给学生，而是要引导学生自主参与、自主发展，激发学生的创造性作用，让学生在自己的生活学习环境中，感受和体验创造美的过程。

"激发兴趣"：中学美术新课标指出，中学美术教学强调培养学生的学习兴趣，强调情感的体验，注重学习的过程，注重跨学科学习，通过美术实践活动提高学生的整体素质。激发兴趣对于调动学生学习美术的积极性和主动性起着无可替代的作用。

"审美教育"：美的事物在生活中处处都有，但却并不是每个人都能感受和欣赏。美术不仅能帮助人们认识世界，而且能鼓舞人们改造世界，去创造美好生活。因此，教师在课堂上要引导学生进入美术文化情境，激发学生的审美愿望，努力提升学生的审美需求，从而形成良好的审美习惯，树立正确的审美理想。

落实这三个基本要求，需要我们在教学目标准确、教学活动灵活有效、问题设计启迪思维、学生创作活动自主合作、教学过程与效果评价增值等方面提出具体指导性意见。

（二）"灵动课堂"的评价要求

课堂评价是促进学生全面发展、改进教师教学、促进美术课程不断发展的重要环节。"灵动课堂"是基于我校特色所设，其评价要求主要关注以下几个方面。

第一，重视学生的自我评价。自我评价是带有浓厚感情体验的自我认识活动，它使学生成为评价的主体，有助于灵动课堂价值内化成学生自己的认识，促进自我发展。

第二，注重对学生美术活动表现与状况的评价。学习是一个过程，而不是结果。美术教学评价既要通过美术作业评价学生美术学习的结果，更需要通过学生在美术学习过程中的表现，对其在美术学习能力、学习态度、参与意识、合作精神、操作技能、探究能力、交流表达、情感和价值观等方面的发展予以评价，突出评价的整体性和综合性。

第三，采用多种评价方式评价学生的美术作业。在学生美术作业评价的具体操作上,究竟运用哪种评价方法,取决于哪种评价方法更能准确地获取较为丰富的有效评价信息。

总之,"灵动课堂"应采用多样化的评价方法,充分肯定学生的进步和发展,并使学生明确需要克服的弱点与发展的方向。为此,我们制订了如下"灵动课堂"评价表。

"灵动课堂"评价表

学生姓名:_____　班级:_____　课题:_____　日期:_____

一级指标	二级指标	三　级　指　标	教师评价			学生评价			自我评价		
			A	B	C	A	B	C	A	B	C
情感态度与价值观	学习情感	课前学习用品准备齐全、按要求收集材料									
		对教学内容感兴趣									
		积极思考,发现问题,发表自己的见解									
	学习态度	积极参与教学活动,认真思考并且回答问题									
		认真创作,按时完成作品									
		愿意与同学合作,善于帮助他人									
知识与技能	知识	能结合所学知识表现物体空间关系									
		了解装饰画的基本方法,并能运用									
	技能	认识常用色,在绘画中大胆、综合地运用									
		运用多种材料、工具进行造型表现活动									
		作品完整、美观									
探究与创新	探究能力	勤于思考,敢于提出问题									
		积极研究问题,获得认识并发表探究结果									
	创新能力	课堂发言或者作品表达自己独立的见解,与众不同									
		作品形式有美感、与众不同									
教师评语											

二、建设"灵韵学科",让美育深入每一个学生的心灵

美术学科由于自身的学科特点和课时制约,更需要校本课程的补充,以此来丰富学生的美术知识。美育是培养人的伟大事业,人的潜力各不一样,兴趣也各不相同。"灵韵美术"校本课程,正是在充分尊重学生客观存在的差异的基础上,因材施教,发展学生特长,使每一个学生各得其所。

(一)完善"灵韵美术"课程

根据各个年龄段、各个年级学生美术知识结构的不同,美术组全体老师进行了研究与探讨,结合自身的专业特点,设置如下校本拓展性课程。

1. 七年级"灵韵美术"拓展性课程

装饰画是艺术设计领域的重点技能基础。黑白"饰"界主要是黑白装饰画,雅痕集韵则主要通过多材质版画来呈现。本课程的教学对象主要是对美术绘画、艺术设计有兴趣爱好的学生,黑白装饰画和多材质版画课程有助于学生了解有关装饰画、版画的理论知识及规律、造型方法,掌握装饰画及版画的制作技法,为各种设计创作打下扎实基础。

课程名称:黑白"饰"界、雅痕集韵	
课程目标	1. 通过黑与白的设计,使学生了解和掌握版画的基本知识,实现审美观念的转移,以对黑、白二极色的最简明和强烈的表现因素的学习和运用,达到对版画基本知识、技法和艺术特性的理解,并贯串于艺术实践中。 2. 通过基本功训练培养学生正确地观察对象、理解对象和表现对象的能力,使其学会运用艺术规律和形式美的法则,准确表达自己的艺术感受或设计创意。
课程设计	根据学生装饰画学习的目的和学生造型基础程度的不同,采取分层教学设计,在课程设置、课程内容选择和课程形式上突出应用性、适应性、实践性,突出专业基础能力培养。 1. 了解黑白装饰画的艺术演变、形式美法则。 2. 掌握装饰画的界定与装饰画的形式美。 3. 了解黑白装饰画的表现规律,理解黑白装饰构图的特点与七种常见的构图形式。

	课程名称：黑白"饰"界、雅痕集韵
课程设计	4. 学习版画色彩设计，了解版画色彩的意蕴与色调构成。 5. 了解版画的创作素材，熟悉材料及特点。 6. 学习版画的材料与肌理，掌握材料的特点并学会运用。 7. 掌握粉印纸版画的种类与制作，了解粉印纸版画的特点及制作方法，能够独立完成版画作品。 8. 了解牛奶袋材料的特点，尝试制作仿银饰装饰画。
课时安排	教学对象为七年级学生，课程共分上下学期两大块，根据学生的特性，第一学期课程内容和计划包括： 课时 1：了解装饰画的风格分类。 课时 2、3：黑白手绘画练习。 课时 4、5：KT 版装饰画单色风景练习。 课时 6、7：KT 版装饰动物练习。 课时 8、9：KT 版装饰画人物练习。 课时 10：装饰画作品展。 第二学期课程内容和计划包括： 课时 1：了解粉印纸版画。 课时 2、3：粉印纸版画临摹。 课时 4、5：粉印纸版画创作制作。 课时 6：了解牛奶袋装饰画制作。 课时 7、8、9：牛奶袋装饰画创作制作。 课时 10：装饰画作品展。

2. 八年级"灵韵美术"拓展性课程

动漫，是动画和漫画的合称，二者之间存在密切的联系。动漫以"创意"为核心，以动画、漫画为表现形式。漫画是绘画艺术的一个品种，它常用夸张、比喻、象征、拟人、寓意等手法，直接或隐晦、含蓄地表达作者对纷纭世事的理解及态度，是含有讽刺或幽默的一种浪漫主义的绘画。它同其他绘画的主要区别在于独特的构思方法和表现手法。它具有讽刺与幽默的艺术特点以及认识、教育和审美等社会功能。学习漫画可以锻炼学生的造型能力，深化学生对漫画的认识，激发学生丰富的创造力和想象力。Cosplay 与动漫角色设计在研究和表现的主题内容上，具有很大的关联性和相似性，甚至有时二者的概念具有同一性，Cosplay 能进一步丰富、充实课堂。

课程名称：走近动漫、Cosplay	
课程目标	1. 掌握漫画创作的基本技巧，提高学生的审美水平，了解漫画的艺术魅力。 2. 学习漫画的视觉语言与形式法则，培养学生的想象力和绘画能力以及创作能力，拓展学生的专业知识，激发学生的创作热情、创新意识。 3. 培养学生主动学习的能力，结合 Cosplay 制作，提升学生对漫画绘制方法的应用与理解，提高学生的创新能力和审美素养。
课程设计	1. 漫画概述：漫画产生与发展的历程，漫画的主要类型、表现形式和风格分类，优秀漫画介绍与作品赏析。 2. 漫画人物设计绘制技法：人物设计造型设计，人物变形方法，人物表情和动作的绘制。 3. 漫画背景的绘制技法：背景的空间透视，不同物体材质的体现方法，场景与人物关系。 4. 漫画表现技法：画面的节奏，画面的切换技巧，掌握多种漫画技法的表现形式。 5. 剧情漫画创作：漫画对脚本（故事）的依赖，脚本的创作技巧，掌握脚本创作的一般规律。 6. 动漫 Cosplay：掌握动漫人物的性格和形象特点，结合剧情，制作 Cosplay 服装道具。
课时安排	教学对象为八年级学生，课程共分上下学期两大块，根据学生的特性，第一学期课程内容和计划包括： 课时 1：了解动漫的风格分类。 课时 2、3：漫画练习。 课时 4、5：漫画练习。 课时 6、7：漫画上色练习。 课时 8、9：动漫创作。 课时 10：动漫作品展。 第二学期课程内容和计划包括： 课时 1：了解什么是 Cosplay。 课时 2、3：动漫形象设计。 课时 4、5：动漫形象小样制作。 课时 6、7：动漫形象制作。 课时 8、9：动漫形象制作。 课时 10：Cosplay 漫画作品展。

3. 九年级"灵韵美术"拓展性课程

美术鉴赏是中学生艺术教育的重要组成部分，它从初始的赏心悦目逐渐地深入、拓展到影响观察、认识世界的方法，培养热爱生活、热爱生命的基本态度，激励创新意识的范畴。对美术的领悟与学习，为学生开启了一扇认识世界的窗口，揭示了大自然的美丽动人,阐释了人间生活的杂陈百味,展示了人类漫长历史积累下来的文明果实及民族传统文化的文脉沿袭。

本课程以中外美术史和美学思想发展变化概况为主线,欣赏评析美术发展史上的经典美术作品,介绍著名艺术家生平追求;陶冶学生艺术、道德情操,提高艺术欣赏水平和艺术修养,激发高尚、健康的人文精神;学生初步了解世界优秀美术遗产;提高并培养学生对艺术的欣赏能力与文化修养,使其能够熟练运用艺术鉴赏方法进行美术欣赏活动。

课程名称:中外美术鉴赏	
课程目标	1. 本课程旨在使中学生树立正确的审美观念,培养高雅的审美品位,提高感受美、表现美、鉴赏美、创造美的能力,提高人文素养,并促进艺术生专业课的学习。 2. 通过该课程的学习,使得学生了解中外美术文化,熟悉中外历史上杰出的艺术家及其代表作品,掌握美术作品欣赏的基本方法。
课程设计	通过理论教学,全面地向学生讲授中外美术作品的历史与关系,提高学生审美能力。课程要求学生了解各个不同历史时期艺术家艺术作品产生的历史文化背景;熟悉各历史时期的艺术家及其代表作品、技法特色和审美风格;掌握各个历史时期美术作品所体现的时代特征。 1. 古希腊美术赏析 2. 古罗马美术赏析 3. 文艺复兴美术赏析 4. 近代西方美术赏析 5. 现代西方美术赏析 6. 中国古代美术赏析 7. 中国近代美术赏析
课时安排	教学对象为九年级学生,根据学生的特性和现状,课程内容和计划包括: 课时1、2:古希腊美术。 课时3、4:古罗马美术。 课时5、6:文艺复兴美术。 课时7、8:17、18世纪西方美术流派。 课时9、10:印象派、新印象派、后印象派。 课时11:梵高传记欣赏。 课时12、13:西方现代美术。 课时14、15:中国古代美术。 课时16、17:中国近代美术。

（二）"灵韵美术"课程的评价要求

美术学习过程是一个持续的过程,包括学生习得美术知识、技能的情况,同时也包括学生的美术学习和实践能力、学习态度、价值观的发展变化。过程性评价是对学生学习过程的评价,即运用各种方式,收集学生学习表现的信息,对学生在参与艺术学习过程中的综合表现进行评价。

过程性评价分为三部分:学生自我评价、学生互评、教师评价。

学生自我评价是带有浓厚感情体验的自我认识活动,它使学生成为评价的主体,有助于将美术课程价值内化成自己的认识,促进自我发展。

学生互评过程中,教师应引导学生积极讨论,大胆发表意见,谈论对自己作品创作的想法和对同学作品的意见。通过评价激发学生的学习兴趣,提高学生的审美能力。

教师评价,即教师对学生作品进行评价。在师评过程中,教师要特别注意学生心理特点,以表扬和鼓励为主。教师还应注意在学生中抓"头羊",用优秀作品带动全体学生的创作热情,并于无形中形成一种竞争意识,极大地引发学生的创作欲,培养学生追求美好事物的热情。

此外,对学生美术学习能力应采用多样化的评价方法,要充分肯定学生的进步和发展,并使学生明确需要克服的弱点与发展的方向。因此,我们在过程性评价的基础上结合使用终结性评价。终结性评价是学生学习结果的体现,它是对学习能力、专业素质和专业阶段性成绩的总评价。美术鉴赏课程学习,通过课件制作、课堂演讲、体会文章进行评价;其他各类技法课程学习,通过学习过程与最终作品呈现进行评价,同时结合学生在美术学习过程中或结束后,对自己学习效果的评价。适时举办以评价为目的的展示和课堂讨论活动,鼓励学生参与评价过程,与教师共同完成终结性评价。

三、建设"灵韵社团",推进美术兴趣爱好课程

"灵韵社团"是"灵韵美术"课程的另一种课外活动方式,是"灵动课堂"的补充和延伸,与课堂教学相比更具灵活性、实践性、创造性以及实效性。随着我校"学校文化建

设和雅慧学生培养研究"的深入推进,我校灵韵社团以学生艺术特长发展为本,设计了形式多样的社团教学内容,旨在提高学生的绘画能力、创造能力以及美术素养,为建设特色美术社团探索出一条切实可行的路子。

（一）"灵韵社团"的主要类型

社团以学习为目的,以兴趣为纽带,求同存异,让美术爱好者在交流中进步,在交流中成长。为了让有美术兴趣爱好的同学拥有一个交流和学习的平台,提高广大美术爱好者的审美能力和艺术素养,丰富校园文化生活,加强美术爱好者的交流,促进学生的全面发展,我校特设立如下美术社团。

1. 魅力板报社

魅力板报社是应学校文化发展和班级文化展示需要而产生的。社团课的系统学习和比赛活动,帮助学生了解构成班级黑板报内容、花边等的基本要求和设计方法;提高学生设计黑板报的能力,鼓励学生热爱集体,热爱美术,提高美术素养。

2. 科学幻想画社

科技教育是二十四中的特色教育,科学幻想画正是科技特色教育的一部分。科幻画是学生对未来科学发展畅想和展望的一种表现方式,它对培养学生科学想象力和创新意识,倡导科技与艺术的结合以及新课程的推进,都具有非常重要的作用。学生在已有的生活经验的基础上,通过科学的想象,运用绘画的表现形式,表达自己对世间万物、未来社会发展的遐想。学习科幻画,有利于增强学生的创作能力、绘画能力、表达能力等。

3. 名画赏析社

审美从欣赏开始,名画赏析社团结合学校的每周一曲一画,在带领学生学会自主赏析名画的基础上,鼓励学生自选素材,从查阅资料到 PPT 制作到赏析展示,让学生在赏析的过程中不仅仅学会赏析方法,还从中感受不同艺术家带给我们的不同艺术态度和审美追求。

4. 艺韵书画社

"梅兰竹菊能养性,琴棋书画可陶情。"书画社为爱好书画的学生提供了学习、展现自我、提高自身和相互交流的平台。用简单的纸和笔绘出一幅幅五彩缤纷的作品,渲出一卷卷古色古香的书卷,学生可以从中体会到书法的古韵及绘画的乐趣,既陶冶了情操,又为学习生活增加了乐趣。

(二)"灵韵社团"的评价要求

1. 评价指导思想

"为学生全面发展而评价"的理念要求我们构建一种全面的、重过程、重创新的美术教学评价体系,评价要以教学目标为依据,注重对学生学习目的、态度、审美意识的评价,注意对学生想象力和创造力的评价。

2. 评价目的

通过对学生学习效果的评价,使学生了解自己的进步以及不足,激发学生的学习兴趣,进一步培养学生的动手能力和想象创造能力。

3. 评价方法

评价可分为三个等级,即优秀、良好、合格,具体可从以下几个方面进行。

第一,学习态度的评价。通过学生在学习活动中的态度表现来判断,如:是否能按要求做好课前准备,在学习活动中是否投入、认真,学习过程中是否能集中注意力,自控能力是否强。

第二,学习体验的评价。通过学生对美术的兴趣爱好与反应来判断,如:是否有兴趣参与各种美术活动,是否乐于表现自己。

第三,合作愿望的评价。通过学生参与小组和集体活动的态度以及与他人的交流合作来判断,如:是否能与他人协调合作,是否能与他人沟通交流,是否能对他人进行客观评价等。

第四,学习效果的评价。通过学生在学习活动中的参与、表现情况来判断,如:是否能掌握基本的美术知识与技能等。

4. 具体操作

评价分为课堂评价、作品评价和阶段性评价三个部分。其中课堂评价和作品评价采用表格形式,主要是学生自评、小组互评和教师评价,整理后进行总的评价。阶段性评价在上述评价内容中还要加入家长的期望,有利于学生的成长。评价的主题多元化,评价的内容人性化,为学生搭建可持续发展的平台。

四、创设"灵韵美术节",浓郁美术课程氛围

为繁荣校园文化,丰富学生的业余生活,为学生展示个人风采搭建舞台,促进学生全面发展,学校每年都会举行"雅韵艺术节",而"灵韵美术节"是艺术节中不可或缺的重要组成部分。

根据学校艺术教育工作总体规划,以"灵韵美术节"为契机,面向全体学生,开展丰富多彩的美术活动,发展学生的美术特长,增强学生的美术素质,提高学生的审美能力,切实提高艺术教育质量和效益,以艺载德、以艺促智,推进学校艺术教育发展,浓郁"灵韵美术"课程氛围。

(一)"灵韵美术节"的主要内容

"灵韵美术节"紧紧围绕"雅韵艺术节"主题,充分反映我校学生热爱祖国、乐观开朗、积极向上的精神风貌,展示我校学生高雅、健康的审美追求。着重展现学生努力学习、勤于探索、敢于创新的青春风采。紧扣时代脉搏,弘扬中华民族优秀文化,开展具有时代特征、校园特色、学生特点的美术活动。

活动项目主要有书法、绘画、节徽设计、板报设计等。

书法:软笔、硬笔皆可,字体不限,软笔纸张尺寸不超过4尺对开,竖幅为宜,所有作品无需装裱。

绘画:画种不限,表现方式不限,8开、4开均可。

节徽设计:节徽能反映艺术节主题,画面可用"中文、拼音、英文和数字"字样结合图案组成,统一用A4纸制作,节徽右下角附创意说明。

板报设计:以班级为单位,围绕艺术节主题制作板报,要求内容积极向上,版面布局合理,文字工整清晰。

(二)"灵韵美术节"的评价要求

1. 一等奖

能够按照主题要求大胆创作,构思新颖,运用恰当的表现方式,有较高的技能

水平。

画面结构比例恰当准确,构图合理。

主题明确,内容新颖,富有创意,中心内容突出。

画面整洁,涂色均匀,有层次感。

2. 二等奖

能够按照主题要求进行构思、创作,运用恰当的表现方式,体现出良好的技能水平。

画面结构比例恰当准确,构图合理。

画面整洁,涂色均匀。

3. 三等奖

能够按主题要求进行构思、创作,有一定的技能水平。

画面整洁,涂色均匀。

美术学科的五大核心素养为:图像识读、美术表现、审美判断、创新能力、文化理解。结合我校的"六雅"文化和科技创办新特色以及学生审美素养现状来看,审美判断和创新能力的提升尤为重要,亟待加强。

(执笔人:蔡冬梅)

第十二章　全方位培养学生的信息技术素养

　　信息技术课程以培养学生的信息技术科学素养为己任,试图在让学生了解和掌握信息技术基本知识和技能的同时,激发他们的创新精神和实践能力。信息技术时代,人们从单纯的教室和课本中走了出来,可以随时随地进行学习,进而形成"时时学习,事事学习,活到老学到老"的终身学习观,与当今世界的发展无缝对接。

　　✤　学科课程哲学
　　　　信息沟通心灵,技术连接世界
　　✤　学科课程目标
　　　　提升学生创新精神和实践能力
　　✤　学科课程框架
　　　　全面满足信息技术学习需求
　　✤　学科课程实施
　　　　开展丰富多彩的信息技术活动

随着现代社会的发展,信息知识成为社会的基本资源,信息产业成为社会的核心产业,信息素养成为每个公民必须具备的基本素质,信息技术逐步渗透到了社会生活的方方面面。目前,常州市第二十四中学信息技术学科教研组共有教师 4 人,其中高级教师 1 人,中级教师 2 人,初级教师 1 人,学科中心组成员 2 人,师资结构合理。现依据教育部《关于加快中小学信息技术课程建设的指导意见(草案)》和《江苏省义务教育信息技术课程指导纲要》的要求,结合我校的实际情况,制订信息技术课程建设方案。

 学科课程哲学

信息沟通心灵，技术连接世界

一、学科性质

信息技术（Information Technology，IT），是用于管理和处理信息所采用的各种技术的总称。它应用计算机科学和通信技术来设计、开发、安装和实施信息系统及应用软件。它也常被称为信息和通信技术（Information and Communications Technology，ICT），主要包括传感技术、计算机与智能技术、通信技术和控制技术。

初中信息技术课程培养学生对信息技术的兴趣和意识，让学生了解和掌握信息技术基本知识和技能，了解信息技术的发展及其应用对人类日常生活和科学技术的深刻影响；培养学生获取信息、传输信息、处理信息和应用信息的能力，教育学生正确认识和理解与信息技术相关的文化、伦理和社会问题，负责任地使用信息技术；培养学生良好的信息素养，使其把信息技术作为支持终身学习和合作学习的手段，为适应信息社会的学习、工作和生活打下必要的基础。

二、学科理念

我校信息技术教研组秉持"信息沟通心灵，技术连接世界"的学科理念，结合我校实际情况，提出我校信息技术课程的核心理念："互联课堂"。

（一）关怀生命

随着信息技术的深入发展和广泛应用，网络中已出现许多不容回避的道德与法律

的问题。因此,我们在充分利用网络提供的历史机遇的同时,抵御其负面效应,大力进行网络道德建设已刻不容缓。教师应引导学生遵守信息社会中公认的行为规范和道德准则,合理地引用他人观点或使用他人成果,培养学生正确的网络道德观。

(二) 注重实践

信息技术是一门以实践为主的课程,学生大部分学习是在上机中进行的,通过上机才能真正掌握信息技术;信息技术课的内容丰富有趣,最能吸引学生的兴趣。因此教师在信息技术教学中一般运用实践任务设计教学方法,以任务为主线、学生为主体,向学生传授知识和技能,让学生在完成任务的过程中熟练掌握知识。

(三) 链接时代

信息技术课程紧扣飞速发展的信息时代脉搏,满足信息社会对人才信息素质培养的基本需要。

(四) 沟通科学

信息技术课程根据不同的教育对象有不同的知识起点、不同的接受能力,制订教学目标讲究针对性,注重因材施教。同时,目标制订过程中应注意运用教育心理研究的新成果,将外显行为目标与内部心理发展目标结合起来;注重学生的言语信息、智力技能、认知策略、动作技能、情感态度等方面的综合培养。

 学科课程目标 —————————————————————————

提升学生创新精神和实践能力

信息技术课程的设置要考虑学生心智发展水平和不同年龄阶段的知识经验和情感需求,要注意培养学生利用信息技术对其他课程进行学习和探讨的能力。积极利用信息技术开展各类学科教学,注重培养学生的创新精神和实践能力。信息技术给教育和学习带来了巨大的变革,为教育和学习提供了多种多样的工具和途径,方便了我们的学习,拓展了我们的知识面,大大地提高了学习和教学的效率。

一、学科课程总目标

义务教育阶段信息技术课程的总目标是培养学生的信息素养。学生的信息素养体现在:形成积极主动地学习、探究与应用信息技术的兴趣与愿望;了解信息技术的基础知识,掌握信息获取、加工、管理、表达与交流的基本技术;能够借助信息技术创造性地解决生活和学习中的一些实际问题;了解与信息技术应用相关的法律、法规;能够甄别不良信息,注意身心健康,初步形成与信息社会相适应的价值观和责任感。

初中阶段的信息技术课程目标在于使学生信息技术基础知识与应用技能得到协调的提升,认识信息技术的价值并初步形成积极而健康的态度。

(一)知识与技能

第一,了解信息技术发展的历程、现状与趋势,初步了解信息、数据、编码等知识。

第二,熟悉几种典型的信息技术工具并能通过比较说明其特点,掌握其基本应用技能。

第三,了解信息安全的相关知识,掌握信息安全问题的基本处理方法。

(二)过程与方法

第一,能根据需要确定信息需求,选择合适的途径获取信息,并能甄别信息。

第二,熟悉信息获取、管理、加工、发布并交流的几种基本方法。

第三,熟悉信息处理的一般过程,了解几种不同的工具、技术,能够利用它们完成任务或设计制作作品,并能对过程和结果进行评价。

第四,综合应用网络通信工具开展网络合作与交流,拓展学习空间。

(三)情感态度与价值观

第一,关注日常生活和学习密切相关的信息技术新发展,积极参加与信息技术相关的活动,并利用信息技术支持其他学科的学习。

第二,增强技术利用中的责任感和技术创新的使命感,形成良好的网络道德。

第三,自觉遵守信息社会中公认的行为规范和道德准则,能够合理地引用他人观点或使用他人成果。

第四,积极参与各种与信息技术教育相关的创新设计与开发活动。

上述三个层面的目标相互渗透、有机联系,共同构成初中信息技术课程的培养目标。在具体的教学活动中,教师要引导学生在学习和使用信息技术、参与信息活动的过程中,实现知识与技能、过程与方法、情感态度与价值观等不同层面信息素养的综合提升和协调发展,不能人为地割裂它们之间的关系或通过相互孤立的活动分别培养。

二、学科课程年段目标

根据学生的认知水平、思维发展水平,逐年推进信息技术课程目标。七、八、九三个年级分阶段实施的课程年段目标见下表。

	七年级阶段目标	八年级阶段目标	九年级阶段目标
信息技术基础	信息识别与获取 信息存储与管理 信息加工与表达 信息发布与交流		
多媒体技术应用		以作品开发的方法为主线,让学生循序渐进地掌握开发多媒体作品的过程	
程序设计			通过程序设计语言实现问题的解决

学科课程框架 —————————————————————————

全面满足信息技术学习需求

我校信息技术学科课程框架依据学校"雅慧课程"体系的构建,设立基础性课程与拓展性课程,拓展性课程采用选修的形式。

一、学科课程结构

根据初中信息技术课程标准、初中信息技术核心素养、初中学生的发展特点以及我校学生的特质,信息技术课程分为基础课程、拓展课程两大类。基础课程包含十个主题:走进信息世界、管理计算机、应用文档设计与制作、数据统计与分析、演示文稿与制作、图片加工与制作、音视频加工与制作、动画设计与制作、走进网络、主题网站设计与制作。拓展课程是基于基础课程开发的一系列活动课程。

二、学科课程设置

年　段		基　础　课　程	拓　展　课　程
七年级	上学期	走进信息世界 管理计算机 应用文档设计与制作	微视频制作(上) 玩转 PS(上) PPT 成长训练营(上)
	下学期	数据统计与分析 演示文稿与制作 图片加工与制作	微视频制作(下) 玩转 PS(下) PPT 成长训练营(下)

续　表

年　　段		基　础　课　程	拓　展　课　程
八年级	上学期	音视频加工与制作 动画设计与制作 走进网络	魅力动画 互联网时代
	下学期	主题网站设计与制作	动态网站设计 程序设计（初步）
九年级			走进机器人世界 程序设计

 学科课程实施

开展丰富多彩的信息技术活动

一、构建"互联课堂"，推进学科基础课程

信息技术课程是为实现学生的全面发展而设置的课程，它同语文、数学等学科一样，是素质教育的重要部分，既有充实的技术内涵，又有丰富的文化价值。它除了涉及计算机技术之外，还涉及许多其他学科，如审美艺术、环境、语文、数学等，具有综合性的特点。在信息技术教学中，积极培养学生的科学思维方式，提高学生信息素养。

（一）"互联课堂"的操作

1. 创设良好的教学模式，激发学生兴趣

积极创设情境教学、问题教学、活动教学模式，激发其功能效应。信息技术教学中的教学方法多样，如基于任务的协作学习模式、小组互助式学习模式、网络环境下的自

主学习模式、网上协作学习模式、任务驱动教学模式、网络环境下的个别化教学模式等。在不同的教学模式下,有针对性地激发学生的学习兴趣。

2. 设计有效的活动,转变学生学习方式

信息技术是一门以上机动手操作为基础的学科,教师在课堂中设计各类上机活动,如制作动画、视频、PPT,设计程序等,让学生在课堂中自主探究、合作学习。教师课堂授课应做到简洁、精练、有效,优化课堂结构,重组环节步骤,重视信息流的整合和有效信息的输载,研究课堂信息的交互性和有效传输,体现实效性和时效性。此外,在课堂中做到师生时时互动,如教师点评、生生互评、教师指导等,从而形成学生自主学习为主、教师教授为辅的课堂方式。

(二)"互联课堂"的评价标准

"互联课堂"的评价,以课程标准为依据,运用可操作的科学手段,收集有关课堂教学的信息,为评价者的自我完善和有关部门的决策提供依据。

评价维度	评　价　指　标	评定等级
教学目标	符合学科课程标准和教材的基本要求,目标制订明确、具体、多元化。	
教学内容	形成合理的知识结构,突出重点,深浅适度,联系学生生活和社会实际。	
教学活动	围绕目标创设灵活的有助于学生学习的教学情境,营造良好的学习氛围。	
	教师善于引导学生主动学习、合作学习,指导具有针对性、启发性、实效性。	
	学生认真参与学习活动,积极思维,主动表达自己的观点。	
教学方法	根据教学实际选用恰当的教法,为学生的学习设计并提供合理的学习资源。	
	学生有一定的学习方法,形成解决问题的策略。	
教学评价	学生和教师积极参与评价活动,对学习过程进行反思。	
	学生在知识与技能、能力与方法、情感态度与价值观等方面都得到相应的发展。	

评价维度	评　价　指　标	评定等级
教师素质	尊重学生,教学民主,师生关系和谐;正确把握学科的知识、思想和方法,重视教学资源的开发与整合;有较为丰富的组织和协调能力,进行教学改革,教学方法灵活,富有艺术性,有独特良好的教学风格;语言和文字功底好。	

二、建设"互联学科",推进学科拓展课程

"互联学科"指在基础学科基础上加 X 门拓展学科,即"1＋X 学科课程"。基础课程强调学科基础性知识;拓展课程主要是指与信息技术课程内容相关的研究性学习、专题教育,是基础课程的延伸、应用和整合,旨在激发学生兴趣,拓展学生知识面,发展学生信息技术核心素养。

(一)"互联学科"的建设路径

1. 高效完成基础课程

以《江苏省义务教育信息技术课程指导纲要》要求为参考,在七、八年级实施基础课程。七年级完成走进信息世界、管理计算机、应用文档设计与制作、数据统计与分析、演示文稿与制作、图片加工与制作六个主题的教学。八年级完成音视频加工与制作、动画设计与制作、走进网络、主题网站设计与制作四个主题的教学。

2. 提供丰富的信息技术选修课程,创建"1＋X 学科课程群"

根据深化新课改的要求,结合学校的办学特色和教师的教学风格,信息技术教研组充分挖掘教师的潜力,开发和开设了丰富的选修课程,满足不同学生的发展需求,为学生的个性化发展创造条件。例如在七年级开设"微视频制作"、"玩转 PS"、"PPT 成长训练营"等课程;在八年级开设"魅力动画"、"互联网时代"、"动态网站设计"、"程序设计(初步)"等课程;在九年级开设"程序设计"、"走进机器人世界"等课程,充分利用各种教学资源,开发课程。

（二）"互联学科"的评价要求

"互联学科"不同于传统课堂,强调课堂上的互动性,是生活化的课堂,是以人为本的课堂。"互联学科"的评价要求体现在以下三个方面。

1. 生命性

生命性体现在"人",体现在充满尊敬、信任、赏识、激励、包容、理解的人文课堂。作为信息技术教师,不仅要教给学生信息技术技能,更要注重学生人文素养的提升,使他们完善人格,健康成长。

2. 科学性

信息技术课程无论是教学内容,还是实施形式,都具有很强的科学性,学生通过不断实践操作,获得知识。

3. 实践性

信息技术课程的实施要注重实践,突出以学生为主,在操作实践中培养学生的创新精神、实践能力和信息素养。

三、创建"互联社团",推进兴趣爱好课程

社团活动的作用和效果往往是课堂教学所代替不了的。它可以以课堂教学为基础,又可以完全脱离课堂教学。它是课堂教学的辅助和延伸,有助于培养学生兴趣爱好,提升学生的能力,开发学生的多元智能。

（一）"互联社团"的主要内容

1. 开展多媒体技术应用活动

多媒体技术是使用计算机交互式综合技术和数字通信网络技术处理多种表示媒体——文本、图形、图像、视频和声音,使多种信息建立逻辑连接,集成为一个交互式系统。学生通过"PPT成长训练营"、"微视频制作"、"魅力动画"等课程认识多媒体技术对人类生活、社会发展的影响;初步具备根据主题表达的要求,规划、设计与制作多媒体作品的能力。

2. 以信息学奥赛为平台,开展程序设计普及活动

信息学奥赛涉及计算机基础知识、计算机软件知识、程序设计知识、组合数学和运筹学知识、人工智能初步知识以及计算机应用知识等,同时要求学生有较强的编程和上机调试的实践能力,有利于培养学生分析问题和解决问题的能力。信息学奥赛是一项培养学生创新精神和探究能力的大赛,有全国赛和各个省、市赛。借助这个平台,教师进行定期培训,辅导参赛学生开展探究性活动。

(二)"互联社团"的评价标准

评价对象	指标体系	评定标准	
		等级内容	评定等级
社团工作	组织建设	1. 章程、制度健全 2. 有专业教师负责	
	活动目标和计划	1. 有年度活动目标 2. 活动目标明确具体 3. 有实现目标的行动计划 4. 计划科学、合理且可行	
	学生活动表现	1. 工作积极主动,活动到场率高 2. 生生合作、师生互动好 3. 学生有问题意识 4. 学生有较多的体验和感受	
	指导教师表现	1. 服务意识强 2. 积极参加学校组织的培训或会议 3. 指导教师之间经常交流工作情况,工作顺利开展 4. 工作能力强	
	活动成效	1. 活动正常开展,受到学生社团成员的欢迎和校领导的肯定 2. 学生活动自主性高,学生得到充分的锻炼 3. 活动在校园网上有宣传或活动有成果 4. 活动在教育网或报纸杂志上有宣传报道或获市属以上级奖	
	环境建设	1. 有固定的活动场地 2. 活动场地布置适合学生的发展和社团的个性特点 3. 活动场地保持整洁	

续　表

评价对象	指标体系	评定标准		评定等级
		等　级　内　容		
社团工作	活动记录和资料保存	1. 记录及时 2. 各种记录保存完好 3. 建立社团成员活动档案袋		
	活动安全	1. 无重大安全事故 2. 社团活动每次出校活动向学校申请批准 3. 活动安全措施到位 4. 活动的同时,培养学生的安全意识		

四、创设"多彩互联节",推进活动体验课程

结合我校信息技术教学实际,以学校科技节、体育节、艺术节为推手,举办"多彩互联节",开展系列活动。

(一)"多彩互联节"的主要内容

第一,开展"多彩互联节"海报制作活动。围绕"科技节"、"体育节"、"艺术节"等主题开展学生电子宣传海报评选。

第二,开展微视频制作活动。围绕"班级文化展示"、"个人规划发展"、"公益活动"等主题开展学生微视频评选。

第三,开展信息学奥赛选拔活动。

第四,开展信息学奥赛培训活动。

(二)"多彩互联节"的评价要求

评价对象	指标体系	等　级　内　容	评定等级
"多彩互联节"工作	组织建设	1. 章程、制度健全 2. 有专业教师负责	

续 表

评价对象	指标体系	等 级 内 容	评定等级
"多彩互联节"工作	活动目标和计划	1. 有年度活动目标 2. 活动目标明确具体 3. 有实现目标的行动计划 4. 计划科学、合理且可行	
	学生活动表现	1. 积极主动,活动到场率高 2. 生生合作,师生互动好 3. 学生有问题意识 4. 学生有较多的体验和感受	
	负责教师表现	1. 服务意识强 2. 积极参加学校组织的培训或会议 3. 负责教师之间经常交流工作情况,工作顺利开展 4. 工作能力强	
	活动成效	1. 活动正常开展,受到参与学生的欢迎和校领导的肯定 2. 学生活动自主性高,学生得到充分锻炼 3. 活动在校园网上有宣传或活动有成果 4. 活动在教育网或报纸杂志上有宣传报道或获市属以上级奖	
	活动记录和资料保存	1. 记录及时 2. 各种记录保存完好	

(执笔人：郁保国)

第十三章　让孩子们身体与精神都处于良好状态

　　体育与健康课程以体育技能学习和身体练习为手段，让每一个孩子收获健康，收获快乐。通过合理的锻炼培养学生阳光的心态、健康的体魄、良好的意志品质，让运动成为一种习惯，让健康相伴一生，这便是"阳光体育"的旨趣。

　　⊕　学科课程哲学
　　　　让运动成为生活中不可或缺的一部分

　　⊕　学科课程目标
　　　　增进健康和提高体育素养

　　⊕　学科课程框架
　　　　建构满足潜能开发的体育课程体系

　　⊕　学科课程实施
　　　　多维度开展阳光体育活动

  常州市第二十四中学体育教研组共有体育教师8人,年龄结构合理,师资优良,拥有高级教师3名、一级教师2名、二级教师2名,见习教师1名。其中常州市教坛新秀1名,学科带头人1名,多人次在常州市青年教师基本功竞赛中获得一、二等奖。体育教研组被评为一星教研组、"五四"红旗班组;组内教师专项多面,涉及田径、篮球、排球、乒乓、健美操、体操等多个项目;全组教师秉承着"团结、务实、主动、创新"的组训,组内氛围融洽、关系和谐。现依据国家教育部颁发的《学校体育工作条例》《体育与健康课程标准》等文件的精神制订我校体育学科课程方案。

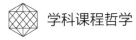 学科课程哲学 ─────────────────────────────

让运动成为生活中不可或缺的一部分

一、学科性质

体育与健康学科是一门以身体练习和技能学习为主要手段,以增进中小学生健康为主要目的,促进学生全面和谐发展的学科。我们认为,培养运动兴趣和爱好,形成坚持锻炼的习惯是自觉地坚持锻炼的前提,切实为终身体育奠定基础,使体育锻炼成为生活中不可或缺的组成部分。体育与健康课程能够培养学生的心理品质人际交往能力与合作精神;引导学生关注身体健康形成健康的生活方式;发扬体育精神,形成积极进取、乐观开朗的生活态度。初中体育与健康课程是学校"雅慧"课程体系的重要组成部分,是为实现教育目标而选择的体育教育内容的总和,是实现素质教育和发展全面人才的重要途径。

二、学科理念

"阳光体育",即吸引青少年学生走向操场、走进大自然、走到阳光下,积极参加体育锻炼,掀起体育热潮。我们以"健康、运动、阳光、未来"为宣传口号,深入研究体育对青少年的思想品德、智力发育、审美情趣的作用,探讨以体育为手段,促进中国青少年全面发展的理论与实践问题,旨在落实《中共中央国务院关于加强青少年体育增强青少年体质的意见》精神,全面推动阳光体育运动在全国的深入实施。

体育教研组从二十四中实际出发,结合我校学生对体育运动的需求,通过系列体育活动,引导学生参与运动,乐于运动,让运动成为学习、生活中不可或缺的一部分,让运动成为一种习惯,从而为终身体育奠定基础。

(一)让体育充满乐趣

体育与健康课程的根本目的是让学生成为运动的主体,尊重学生的情感和个体需要,使每个学生都能体验到学习和成功的乐趣,促进学生不断进步和发展。因此,课程的设计必须坚持学生的主体地位,根据初中生生理、心理的特点,关注学生学习方式、能力的改变,提高学生体育学习和增进健康的能力。

(二)让体育变得丰富多彩

现代体育课程不应局限于传统意义上的跑、跳、投,它应该是丰富多彩的;课程的设置应做到让每个学生乐于参与;每个学生可以根据自身的具体情况和实际需要,选择自己感兴趣的运动参与。只有让体育课程变得丰富多彩,增加可供学生选择的项目,才能充分调动学生的积极性,并使这种积极性转化为体育的习惯,从而为终身体育奠定基础。

(三)注重学生运动爱好和专长的形成

强调兴趣和爱好,对学生的学习过程和课程最终目标的实现具有积极的作用。教学过程中,教师可以让学生有选择地学习一项或几项运动项目,培养学生的运动专长,促进学生体育锻炼的习惯和终身体育意识的形成。此外,教师还应关注学生的学习兴趣、爱好和个性发展,促使学生自觉、积极地进行体育锻炼,培养自我价值感。

(四)健康生活与体育的融合

以提高学生生理、心理和社会适应能力的整体健康水平为目标,构建技能、认知、情感、行为等有机结合的课程结构,融合与学生身心发展密切相关的体育健康知识、技能和方法,关注学生健康意识和良好生活方式的形成,无论学生选择何种运动项目,教师采用何种教学和评价方法,都紧紧围绕"健康第一"的指导思想来进行。

 学科课程目标 —————————————————————————————

增进健康和提高体育素养

健康是自由,健康是财富,健康更是一种幸福。学生在体育与健康课程中以身体练习为主要手段,通过合理的体育教育和科学的体育锻炼过程,达到增强体质、增进健康和提高体育素养的目的。体育与健康课程是我国实现素质教育和促进学生适应社会,培养学生完整个性的有效途径。依据国家课程标准,结合我校实际情况,体育教研组提出"阳光体育"的课程目标,具体表现在以下几个方面。

一、教师专长和学校体育文化相融合

体育教研组在研制课程实施方案时,以教学组织形式的构建为切入点,最大程度地发挥教师专长和所能;最大限度地继承和发扬学校的体育文化传统;最大效应地培养学生兴趣爱好、特长和习惯;最大可能地运用学校体育资源,并通过教学实践不断完善教学内容、健全评价体系、优化教学管理。

二、教师乐教,学生乐学,教、学相融

教学过程中,教师积极引导学生用科学的方法自觉参加体育锻炼,获得和应用运动基础知识,掌握和运用运动技能,形成安全进行体育活动的能力;全面发展体能,提高预防疾病的意识和能力,理解营养、环境和生活方式对身体健康的影响,改善身体健

康状况;培养积极的自我价值感,提高调控情绪的能力,形成坚强的意志品质,提高预防心理障碍和保持心理健康的能力。体育学习习惯和学习兴趣,有助于开发学生的运动潜能,培养学生创新精神和体育实践能力,使其形成健康的心理与良好的社会适应能力;扩大学生的知识层面,夯实学生体育基本技能基础;培养学生的竞争意识、合作精神和坚强毅力。

三、传统技能教学与现代教育文化相融合

体育教师应建立良好的课程意识,学会课程开发,参与课程开发,提高专项运动技能和专业素养,树立以学生发展为本的现代教育观,学会用现代教育教学理念指导自己的教学实践,并在实践中努力形成自己的教育风格,从课程的执行者走向课程的参与者、开发者和设计者,与学生共同成长。

四、学校体育与竞技体育相融合

选拔部分具有运动特长的学生,加强定向培养,突出其特长,使其能凭借专长进入高一级学校高水平运动队或专业队。

 学科课程框架 —————————————————————

建构满足潜能开发的体育课程体系

我校体育与健康学科课程框架依据学校"雅慧"课程体系的总体框架,设立基础性

课程和拓展性课程。

基础性课程按照国家课程标准实施，以培养学生的运动兴趣，教授基本的运动技能为教学目标，从而提高学生的运动能力，是初中阶段的必修课程。

拓展性课程是基础性课程的延伸，为感兴趣的学生提供开发潜能的课程，有效结合了我校具备的师资力量和初中生身体发育的需要。

 学科课程实施

多维度开展阳光体育活动

一、做好选项教学

选项教学对体育教师提出了高层次的专业要求。学生能否有效地选择学习内容，学校的指导和体育教师的具体帮助是十分必要的。

（一）发放选项指导书，对学生进行引导教育

引导教育的主要内容包括体育课程意义，我校体育教学情况、教学特色，新课程的内容、学分制，教学要求，选项表的填写，项目班人员的确定方法等。引导学生理解选项学习的意义，认识自己的生理、心理状况，根据自己的兴趣爱好、特点以及课程选项信息，确定所选项目。

（二）确定选项班人员

选项班人员的确定采取自愿报名与教师统筹安排相结合的方法，主要考虑场地和班级人数。教学过程中，教师及时了解学生学习状况及需求，加强对学习模块的指导，还可以就再次选项的时间及内容给予指导，使学生不断提高体育学习能力与水平。

二、指导学生采用有效的学习方式

初中体育与健康课程要改变单一的接受学习方式,倡导自主、合作、探究的学习方式,实现学习方式的多样化,以提高学生学习体育的能力,促进学生运动知识与技能、情感态度与价值观的整体发展。

（一）加强对学生自主性学习能力的指导与培养

体育学习中自主学习能力包括体育认知能力和体育实践能力,其特点是独立性、计划性和个体差异性。良好的体育锻炼习惯的形成和终身体育意识的培养,重点在于自主地有计划地进行锻炼,计划性是自主锻炼的保证,而落实计划比制订计划更难。因此,我们倡导学生有计划地参与体育实践,在活动中体验运动乐趣,感悟体育精神。

（二）加强对学生合作性学习能力的指导与培养

从体育学习的性质来看,合作是体育学习最本质的方法之一。体育教研组改变传统教学中仅仅将合作学习作为一种常规学习方式及一种教学组织形式的观点,充分发挥合作学习方式的多种功能性。

（三）加强对学生的探究学习能力的指导与培养

体育与健康课程教学中的探究学习,是针对传统的体育教学方式过于强调接受学习与机械训练的弊病而提出的。倡导探究式的学习方式,要求学生在体育学习中自主探究,不仅要知其然,还要知其所以然,知其必然,从而提升学生独立思考、发现问题和解决问题的能力,提高学生体育学习的积极性和自觉性。此外,教师应注重创设教学问题情境,并使问题情境适合学生的心理和认知特点。

三、改革体育与健康教学方式

新课程观和教学观下的体育与健康教学过程是教师和学生积极互动、共同发展的过程,教师要切实树立"健康第一"的思想,处理好学生学习体育基础知识、技能、方法与培养体育学习能力的关系,注重培养学生的独立性和自主性,引导学生主动参与、乐于探究,在体育实践中学习,促进学生在教师指导下主动地、富有个性地学习。尊重学生的人格,关注学生个体差异,创设丰富多彩的体育学习环境,激发学生的学习积极性,充分发挥体育活动的多种功能和多种价值,培养学生掌握和运用体育与健康知识、技能的能力,使每个学生都能够形成良好的运动爱好和专长以及坚持锻炼身体的习惯,提高健康素养,促进学生在生理、心理和社会适应能力等方面健康、和谐地发展。

具体来说,在第一年的教学过程中,教师的教学应注重培养兴趣、习惯,为学生打好基础,使他们具备发展的能力。在第二年的教学过程中,将方法的传授和能力的培养列为重点。第三年,教师可以根据学生的状况与要求进行主题课的教学,更具灵活性和针对性。思想的教育、情感的教育、社会适应的教育以及人文的教育在此阶段应是重点。

四、制订科学合理的模块单元教学计划

初中体育与健康课程强调在教学设计的过程中,既要注意水平教学计划的整体构思,又要关注学习过程中多维度学习目标的实现,因而更倾向于重视宏观教学计划的设计。单元教学计划可以看成是构成水平教学计划的分子,许多分子共同组成了完整的水平教学计划;它既是水平教学计划的分解与细化,也是课时计划的主要依据。

五、全面推进体育课程评价

(一)对学生"阳光体育"学习的评价

我们主要采用定性评价与量性评价、终结性评价与过程性评价、绝对性评价与相对性评价相结合的方法。在具体评价方式上,根据初中学生的特点,采用等级评定,运用多种评价方法,如观察、口头评价、测验、技能评定、展示、成长记录、量表评价等。通过以上评价方式反馈学生学习状况,促进学生学习能力的提高。如体能的评价可采用

测验、成长记录等方法；知识与技能的评价可采用观察、展示、技能评定、口头评价、测验等方法；学习态度、情意表现和合作精神的评价可采用观察、量表评价、口头评价等方法；健康行为的评价可采用观察、口头评价、量表评价等方法。

模块学习的评价，依据课标的实施建议，将单元学习评价分成四类。而学期、学年成绩的评定则参照课程标准的要求和课程校本计划的设置，以及两年来教改的探索与实践，分为模块评价与学期综合评价两部分。

（二）对体育教师的评价

首先是专业素质综合评价。该项评价主要由校领导和教师本人进行，同时采用同行评价的形式，不定期进行。

其次是课堂教学评价。采用形成性评价、终结性评价、自评、他评、同行评价、专家评价、学生评价和学生成绩分析等评价模式对课堂教学效果进行评价。关注教学活动的有效性，关注学生体能、知识与技能、学习态度、情意表现与合作精神等情况，关注教师和学生对学习目标和内容的感受，并以此作为体育教师课堂教学评价的重点。

（三）学生获得阳光学分的条件

学生完成每一模块的学习，认真参加各项测验，修满 18 学时（请假不多于两节课），综合评定达 60 分，模块考试成绩合格，得分率不少于技术动作总分的 60%，即可获得该项学分。

选项课程学习要优先保证获取必修项目学分，每学期只允许学生更改选项一次。

参加市级以上竞赛且成绩特别优秀的学生，经个人申请、学校批准，其相应必修或选修课程可以部分或全部免修，并可获得相应学分。

对于未能在某些模块学习中获得最低毕业学分的学生，允许其补考、重修或另选。如果没有通过考核的是必修课程模块，根据考核方式的不同作出不同的处理：若是过程性评价中的某个项目没有完成，则可以补充完成该项目；若是终结性考试不及格，则需要补考。若一次补修或补考后仍不能通过考核，则需要重修该课程模块。如果没有通过考核的是选修课程模块，可以进行补修、补考、重修或放弃这一模块而改修其他模块；如果学分已满足毕业要求，也可以彻底放弃这一课程模块。必修模块的综合评分不合格(低于 60 分)、缺勤比例超过该模块学时数 20％或课程修习过程表现不合格的学生,必须补考,补考仍不合格,则该模块要重修,但不能放弃。选修模块的综合评分不合格(低于 60 分)、缺勤比例超过该模块学时数 20％或课程修习过程表现不合格的学生,必须补考,补考仍不合格,则可以重修或另选模块修习。

(四)阳光学分认定程序

首先是学生提出申请。每一模块学习结束后,学生可向任课教师提出学分认定申请。

其次是教师提出认定意见。教师根据学生学习过程的表现和模块考试成绩提出学分认定意见,填写学生学分认定申请表,上报体育学科组。

再次,对学生学分的初步认定进行公示,无异议后进行认定后的签署。

最后,认定体育学分并注册,建立学生体育学分档案。

总之,学校重视体育教育工作,无论是经费投入、场馆建设、器材购置,还是师资配备、队伍建设,都严格按照有关规定执行,保证所有学生都能在较好的体育场地上,有比较充足的器材进行体育学习和锻炼。

(执笔人:陈伟)